天津市科技计划项目"基于大数据背景的建设项目节地管控技术研发"
项目编号：18YFZCSF00610

建设项目节地管控研究
——以土地管理新形势为背景

陆方兰　郝　烁　主编

南开大学出版社

天　津

图书在版编目(CIP)数据

建设项目节地管控研究：以土地管理新形势为背景 /
陆方兰，郝烁主编. —天津：南开大学出版社，2021.8
ISBN 978-7-310-06123-5

Ⅰ.①建… Ⅱ.①陆… ②郝… Ⅲ.①基本建设项目
－标准化管理－研究 Ⅳ.①F282

中国版本图书馆 CIP 数据核字(2021)第 152873 号

建设项目节地管控研究：以土地管理新形势为背景
JIANSHE XIANGMU JIEDI GUANKONG YANJIU：
YI TUDI GUANLI XINXINGSHI WEI BEIJING

南开大学出版社出版发行
出版人：陈　敬
地址：天津市南开区卫津路 94 号　　邮政编码：300071
营销部电话：(022)23508339　营销部传真：(022)23508542
http://www.nkup.com.cn

天津泰宇印务有限公司印刷　全国各地新华书店经销
2021 年 8 月第 1 版　　2021 年 8 月第 1 次印刷
260×185 毫米　16 开本　7.75 印张　192 千字
定价：48.00 元

如遇图书印装质量问题，请与本社营销部联系调换，电话：(022)23508339

编辑委员会

序　言

过去四十年是中国改革开放、经济腾飞的四十年，也是中国城市化飞速发展的四十年。虽然目前中国城市化水平的准确数字要等到正在进行的第七次全国人口普查出结果的时候才能知道，但多数专家都倾向 60% 这个数值，也就是说中国 14 亿人口的 60% 已经离开农村进入城市生活和工作了。

对于未来中国城市化能发展到一个什么样的水平，专家们也是有各种猜测。摩根士丹利发布蓝皮书报告《中国城市化 2.0：超级都市圈》预测，到 2030 年中国的城市化率将升至 75%，即增加 2.2 亿新的城市居民。

我国著名的城市化专家、上海交通大学安泰经济与管理学院教授陆铭在"南都观察 2019 年夏季论坛"上讲述了他通过大量数据分析得出的结论，他说"我坚信中国的城市化率会达到 90% 以上"。按照这个推论，未来三十年左右会有 4.4 亿农民流入城市。也就是说，城市将增加相当于 20 倍的全北京市的人口。

这将是一个改变中国人口架构、改变几代人生活方式的重大事件。对此我们必须高度重视、充分准备。一方面，要继续挖潜，盘活内存，借助现有的城市用地提高城市的人口承载力；另一方面，要提高新增城市建设用地的使用效益，采取各种有效措施，落实"集约用地、节约用地"的规划原则。

由易景环境科技（天津）股份有限公司研究小组撰写的《建设项目节地管控研究——以土地管理新形势为背景》，从当前的需要出发，借助先进的计算机技术，推出了一套解决我国城市建设新建项目用地指标的确定、节约用地评价、规划方案改进等一系列难题的新思路、新路径、新举措，对提高我国正在推行的国土空间利用水平，以及城市化未来几十年人口结构的重大变化有一定的积极意义和实用价值。希望这个科研成果能带动更多专业人士、城市管理部门工作人员以及关注城市发展的广大群众加入这个问题的讨论，为应对中国城市化的新形势出谋划策。

肖连望

2020 年 11 月 24 日

目 录

1 引 言

1.1 研究背景和意义

土地集资产、资本、供给稀缺等经济属性于一体，对中国社会经济发展有着不可替代的作用和价值。20 世纪末中国城镇化和工业化进入快速发展阶段，人口、资源、环境相互影响、相互制约，村镇地区土地利用粗放浪费，土地供给"以需定供"，人地矛盾日益凸显，土地利用效率难以满足促进城乡统筹和维持可持续发展的内在要求。社会经济高速发展，但资源利益冲突和诉求不断增加，土地资源的节约集约管控势在必行。

国务院 2004 年发布《国务院关于深化改革严格土地管理的决定》（国发〔2004〕28 号）明确提出制定和实施新的土地使用标准；2006 年发布《国务院关于加强土地调控有关问题的通知》（国发〔2006〕31 号）提出调整城市建设用地审批方式等要求，实现建设用地总量进一步控制，促进节约集约用地；2008 年发布《国务院关于促进节约集约用地的通知》（国发〔2008〕3 号）明确要求严格土地使用标准，建全各类建设用地标准体系；2011 年在"十二五"规划纲要中正面切入实现最严格的节约用地制度，从严控制建设用地总规模。原国土资源部2012 年发布《关于大力推进节约集约用地制度建设的意见》（国土资发〔2012〕47 号）对之前节约集约用地政策实施出现的内容不完善、政策措施不配套、落实难到位等问题做出新的约束，明确将建立健全土地使用标准控制制度作为节约集约用地的八项制度之一，要求实行建设用地准入标准；2014 年发布《节约集约利用土地规定》（国土资发〔2014〕61 号）首次对土地节约集约利用进行规范和引导。同年，中共中央和国务院发布的《国家新型城镇化规划》中将节约集约利用土地提高到指导思想的高度，并且在城市建设和体制管理中对节约集约利用土地提出了明确要求。2015 年国务院先后发布《关于加快推进生态文明建设的意见》（国发〔2015〕12 号）和《生态文明体制改革总体方案》（国发〔2015〕28 号）明确节约在自然资源利用中的优先地位，提出以最严格的土地节约集约利用制度进行建设用地总量控制和减量化管理。历经多年整改，中国土地节约集约利用效率有所提高，且伴随新的时代要求，土地节约集约与生态文明建设相辅相成，进入更加严格的管控阶段。

2017 年党的十九大报告再次强调，必须坚持节约资源和保护环境的基本国情，推进资源的全面节约和循环利用。以十九大精神为指导，节约集约用地相关政策得以进一步完善和更新。2018 年自然资源部下发《关于健全建设用地"增存挂钩"机制的通知》（自然资规〔2018〕1 号），文件指出，需大力推进土地利用计划"增存挂钩"，有效处置闲置土地，积极促进节约集约用地，以土地利用方式转变推动形成绿色发展方式和生活方式。国务院办公厅为全面提高土地资源利用效率，促进土地资源的优化配置和节约集约利用，于 2019 年 7 月 19 日出台《关于完善建设用地使用权转让、出租、抵押二级市场的指导意见》（国办发〔2019〕34 号）。同年 8 月 26 日第十三届全国人民代表大会常务委员会第十二次会议通过《中华人民共和国土地管理法》修正案第十七条，将"提高土地节约集约利用水平"作为"土地利用总体规划编制原则"之一。这是《土地管理法》第一次明确将"节约集约用地"的表述纳入其中。

国家和地方对于建设项目用地标准的要求和节约集约用地把控日趋严格，然而据已有实践案例可知，目前建设项目节地管控工作仍较为薄弱，缺乏信息化和大数据积累，标准管控尚未实现全覆盖，集约利用评价尚未完善，造成工程项目设计、建设项目用地准入、土地供应、供后监管、土地开发利用等业务管控体系力度不够，难以为宏观决策提供一致、综合的信息支持，严重制约高效、智能化国土信息建设和建设用地的节约集约利用。为此，研发建设项目用地控制指标数据整合技术、构建建设用地集约利用评价体系、开发建设项目用地控制指标数据库系统并将其推广应用，对建设用地节约集约利用和智能高效管控有重要意义。

1.2 研究范围和目标

基于本研究前期调查和文献梳理，建设项目用地本身存在数据异构性和多源性，导致目前政府建设项目审批部门工作中存在审查内容重复、时序结构不合理、审批工作周期较长、标准化程度较低等问题。为解决上述难题，基于研究数据可得性和课题研究成果可实践性，本书通过研究全国的建设用地标准，并以天津市即将进行或已完成审批的建设项目为主要研究对象，在研究大数据背景下，提高建设项目用地节约管控指标体系整合技术和构建集约利用评价指标体系，建设节地数据库管理系统。

建设项目节约集约用地管控是缓解日益突出建设用地供需矛盾的有效手段和根本途径[1]，用地的管控水平严重制约用地的节约集约利用程度。为实现建设项目用地节约集约高效利用的目标，必须加强建设项目节地管控力度。本书研究目标即针对当前建设项目管控工作中存在的不足，在多种技术的支持下，实现全国多行业、多标准指标的有机融合，突破建设用地控制指标多源集成构建的技术瓶颈，进行项目节地管控数据库建设；为建设项目用地准入、土地供应、供后监管、土地开发利用等业务管控体系提供数据支撑；构建建设用地集约利用评价，为提高土地利用效率，推动节约集约用地，践行国土资源科学有序发展、绿色可持续发展、协调共赢发展奠定重要基础。

1.3 研究思路

本书以现阶段国家及各地区的建设用地控制标准为前提，结合相关主题的期刊文献和已有研究工作基础与项目实践，根据点面结合、理论与实践结合、定性与定量结合的研究方法，按照"现状评估—管控分析—指标整合—系统建设—实证应用"的总体研究方向，对天津市建设项目节地管控技术展开研究。此外，本书分别研究天津市建设项目节地管控现状和土地管理新形势对节地管控的新要求，对建设项目用地的国家标准、天津市标准、其他省市标准的指标体系现存特点和问题进行分析，根据现实需求对建设项目节约用地控制指标体系进行整合，构建集约用地评价指标体系，并完成建设项目节地管控系统平台的搭建。本书研究思路结构清晰，主次有序，详略得当，为研究提供明确方向，减少研究过程中存在的资源浪费问题，提高研究效率。本书研究技术路线如图1-1所示。

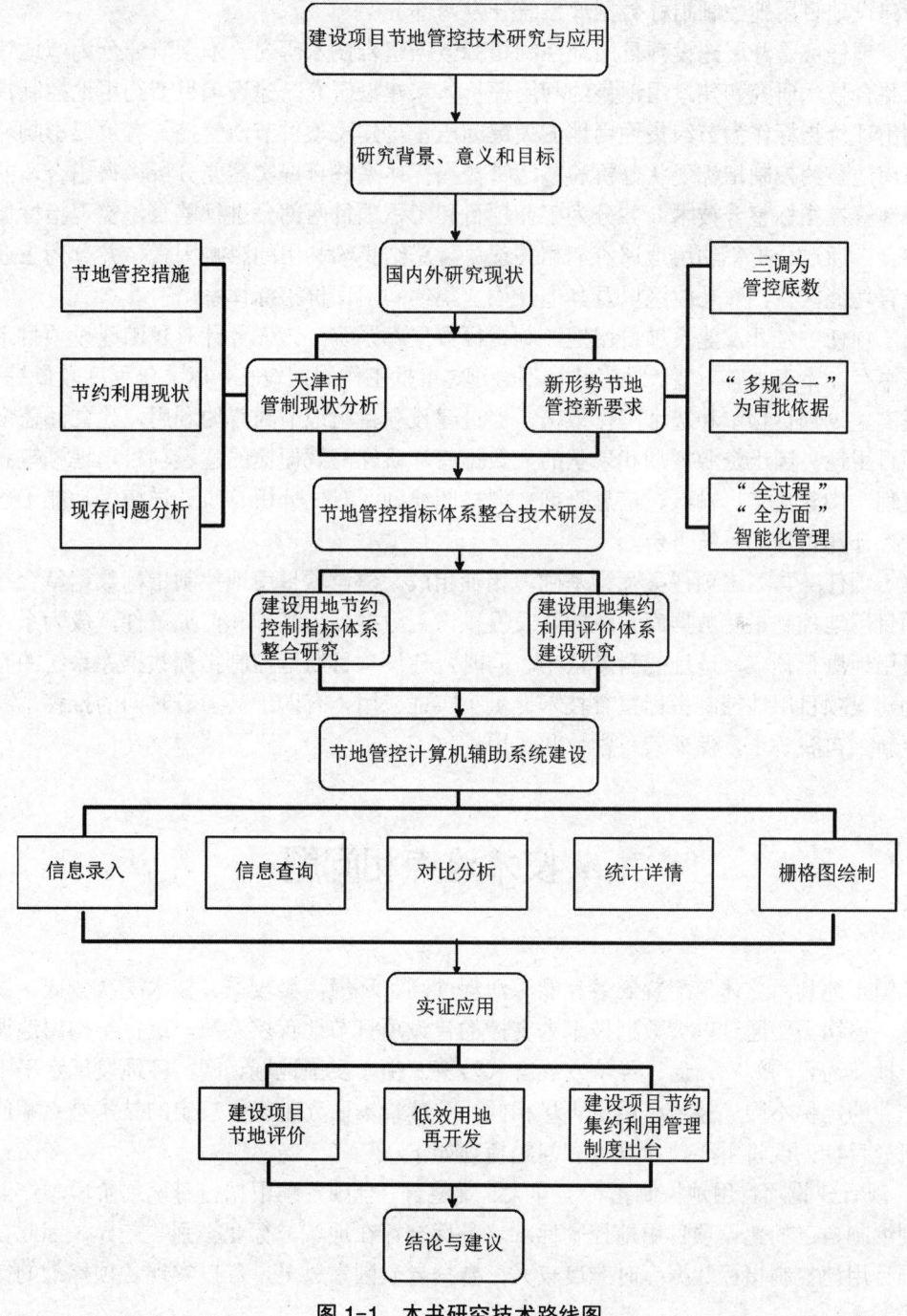

图1-1　本书研究技术路线图

1.4 总体方案

基于研究思路和技术路线，本书将研究任务分解为建设项目用地控制指标数据整合技术研究和建设项目用地控制指标数据库系统开发两部分。

第一项任务是开展建设项目用地控制指标数据整合技术研究。本项研究分为节地管控指标体系整合技术研究和建设用地集约利用评价体系建设研究，建设项目节约用地控制指标和集约利用评价指标作为节约集约用地的关键因子，对建设项目节地管控具有重要影响。通过对建设用地节约控制指标现状分析和节地管控指标体系整合现实需要分析，得出合适的建设项目节地管控指标整合技术，并分为工业项目和工程项目两部分进行整合，实现指标体系应用的整合；通过分析集约用地评价和相关理论，总结集约利用的影响因素，并分为工业功能区、教育功能区、特殊功能区以及其他，构建集约利用评价指标体系。

第二项任务是开发建设项目用地控制指标数据库系统。该任务针对我国建设项目审批部门工作中存在审查内容重复、时序结构不合理、审批工作周期较长、标准化程度较低等问题，以及提高建设项目预审和选址工作效率，促进建设项目用地节约集约利用，建立涵盖多行业建设项目用地、国土资源规划和现状的大数据库，研究高效便捷的建设项目用地预审和选址操作流程，构建集信息输入、信息查询、栅格图绘制、对比分析、统计详情多功能于一体的节地管控计算机辅助系统平台。

第一项任务与第二项任务互为基础，相辅相成。建设项目用地控制指标数据整合技术为建设项目用地控制指标数据库系统的开发提供内置数据处理基础和前提条件，成为系统对建设项目用地进行预审、选址的科学依据。同时，建设项目用地控制指标数据库系统的有效运行，为建设项目用地控制指标整合技术提供了实证应用，有助于其随着时间的推移不断完成自我更新、自我矫正，保证其科学性和实用性。

1.5 技术难点和问题

我国土地利用总体上配置低效、能源消耗过高、环境污染较重、技术层次较低，发展后劲不足，迫切需要通过以大数据技术为支撑的建设项目节地管控系统，进行结构用地调整，提高土地节约集约效率，促进经济发展方式转变。由于我国地域辽阔，各地发展水平不同，主导产业的定位不同，技术运用也不尽相同，这就给本研究带来了一定的技术难点和问题，结合研究目标，现将主要技术难点和问题梳理如下：

1. 现有建设项目用地控制指标差异大、难整合。全国各地根据自身发展阶段与产业侧重点分别编制自己的建设项目用地控制标准。各标准存在地域、行业类别等差异，因此在建立建设项目用地控制指标数据库时难度较大，数据异质因素过多，难以实现各项标准的完全统一。

2. 建设项目用地数据管理平台难研发。针对上述建设项目用地控制指标整合的难点，在建设项目用地数据管理平台搭建时发现，除去管控指标的差异，建设项目用地数据还存在时间的差异，不同阶段的建设项目审批程序也存在差异。如何实现不同项目、不同建设阶段、不同审批程序的统一管理成为建设项目用地数据管理平台建设难点之一。

3. 建设项目数据的自我生长和自我更新管理机制难建立。开展建设项目用地管控以来数据库规模庞大，但并未进行统一数据库建设，且建设项目用地管控需要供后监管，如何整理历年项目数据，并保证数据科学、可持续分析的前提下实现建设项目数据的自我生长和自我更新，满足管控多功能需求，是本书研究的重要挑战。

1.6　主要创新点

结合本书的研究目标、研究思路和技术难点，明确了以下几方面的主要创新点：

1. 建设项目用地控制指标数据整合技术研发，解决了不同行业的行业标准协调统一的问题，实现多行业、多标准、多指标的有机融合。

2. 通过构建集约利用评价指标体系，对土地集约度进行更好地把握，以达到高效土地利用、优化土地利用结构、均衡土地利用布局、协调土地利用的效果。

3. 建设项目节地管控数据库建设。搭建建设项目用地数据管理平台，建立建设项目数据的自我生长和自我更新管理机制，构建建设项目节约集约用地标准信息管理平台。通过审查系统的应用简化工作实施环节，降低工作技术难度，从而实现准确高效应用建设用地项目控制指标，提高管理工作的科技水平和效率。

1.7　国内外研究综述

为解决本书面临的主要技术难点和问题，本章对课题涉及的大数据理论、节约集约用地理论及建设项目节地管控进展等，对国内外相关研究进行系统性文献回顾，以期从现有研究中寻找解决途径的技术理论支持与案例实践支撑。

1.7.1　大数据理论研究现状

1. 国外相关研究概况

"大数据"一词提出于20世纪80年代，美国研究人员将其作为"海量数据"的代名词，局限用于计算机科学[2]。21世纪初，《自然》（Nature）杂志以专刊的方式对大数据的现状、价值及未来市场挑战展开系统介绍，预示着大数据研究开始向各大领域拓展，成为时代研究热点之一[3]。2012年，美国政府为开展以政府为核心的全球数据化运动，提高美国政府自身对大数据的运用能力，为国家科学战略提供技术支持，于3月宣布正式启动"大数据研究与开发计划"（Big Data Research and Development Initiative）[4]，此举预示着大数据应用于竞争开始在世界范围内拉开帷幕[5]。

国外产业界与学术界根据各自需求与研究侧重点对大数据内涵及特征进行定义：国际数据公司（International Data Corporation，IDC）从大数据本身属性出发，认为"大数据代表以最新技术为特征的时代，它以从量多且样多的数据中提取、分析有效信息为特征"。高德纳咨询公司（Gartner Group）从大数据价值角度对其内涵进行定义，"大数据是以低成本、新技术进行高速处理大容量、多类型的信息资产"。国际著名 IT 龙头微软的专家们通过大量实验发现，大数据特性多且复杂，难以完整定义，但最普遍且易被发现的特性为容量性、多样性及速度性，三者相融相生。美国国家标准和技术研究院（National Institute of Standards and Technology，NIST）指出，"大数据是一种被数据库规模、数据分析速度、数据表达方式限制的全新的数据分析处理能力，由大数据科学（Big Data Science）和大数据框架（Big Data Frameworks）两部分构成"。其中，大数据科学为前期工程，以大数据的获取、评估及调试技术研究为主；而大数据框架为后期工程，专注于数据库的分析及算法处理。

对于大数据的应用，国外学者侧重于数据模型在不同领域的开发与使用。克里斯（Chris A Mattmann，2013）投入大量资金培养专业的研究人员进行大数据优化共享模型的开发，以期实现大数据利用最大化[6]；阿松桑等（Assuncao，Marcos D et al.，2015）研究者通过分析大数据在数据管理、模型开发与评价、可视化、用户业务等领域存在的问题，提出云支持技术方案，为后续大数据的发展提供新的解决思路[7]；马丁（Martin Hilbert，2016）认为大数据的发展虽对某些关键决策具有辅助作用，但其本身的发展与使用必须依靠专业的政策来规范[8]；面对大数据的利用现状，浦亚等（Pooya Tabesh et al.，2019）研究者指出，尽管大数据利用水平较之以前已有大幅度提升，但大多数机构和组织并未将其纳入关键决策环节，尚停留在初期分析阶段，管理者应加强这一问题的改善[9]。

2. 国内相关研究概况

相关研究显示，2013—2014 年，百度、腾讯、阿里巴巴等互联网企业的崛起是中国大数据的起始阶段，这些企业先后建立的大数据应用与研究机构，充实了中国大数据研究基础[10]；2014 年 3 月"大数据"概念首次出现于我国政府工作报告中，此举标志着中国大数据时代的开启；2019 年 9 月调查数据显示，中国现拥有大数据管理机构省级 16 个，省级以下 22 个[11]，这个数字未来尚有很大发展空间。

中国大数据环境正处于不断优化的阶段，对大数据的研究已由概念性研究与学习转向实用性研究。李国杰、程学旗（2012）基于大数据的应用现状指出，当前国内大数据的发展难题在于庞大的数据规模与现有数据处理技术的不平衡，如何紧跟数据增长速度对数据进行存储是数据处理技术得到满足之前的难题[12]；孟小峰、慈祥（2013）认为中国已进入大数据革命阶段，数据从传统数据库向大数据发展[13]；李建中、刘显敏（2013）从大数据的实用性研究中提出数据可用性的概念，认为有效的大数据应满足使用的精确性、完整性，以此保障数据的可用价值[14]；安小米等（2018）研究者更希望通过概念性的研究实现对大数据使用的指导，他们基于现有文献的梳理，从不同层面和不同维度整理出以"概念—动议—路径"三位为一体的大数据治理框架[15]；刘海宁、李德山（2019）对数据存储难题展开研究，最终通过存储系统和安全机制的建立，实现了海量数据安全有效的存储[16]；彭知辉（2019）指出大数据不能被固定思维所局限，应不断更新并从中挖掘新信息、新知识[17]。

1.7.2 建设项目节地管控研究现状

田红霞（2016）认为，工业化进程，在加快世界各国城市化水平的同时也加剧了资源的过度消耗和环境的破坏，促使各国开始重视自身资源的管理和保护[18]。土地作为一种特殊资源具有稀缺性和不可再生性，其节约集约利用水平受到各国的高度重视，但目前主要把土地资源作为整体进行研究，具体的用地分类节约集约水平研究尚未形成体系。国内外对于建设项目节地管控主要从土地资源节约集约利用研究入手，包括土地资源节约集约利用的内涵、模式和现状评估等。

1. 国外相关研究概况

中国的土地使用权制度与国外存在本质区别，国外学者对节约集约的研究更多的是整体性研究，理论存在很多相通之处，国外的研究案例和成果对中国学者的相关研究有着重要影响。国外土地节约集约概念最早出现于 18 世纪中期大卫·李嘉图的地租理论中，他以农用地为研究对象，认为增加土地投入可以获得更多土地利润，因此土地的节约集约存在必要性；韦斯特提出土地集约利用产生的原因在于级差地租的存在；西方国家的区位理论，如杜能提出的农业区位理论、韦伯的工业区位论、克里斯泰勒的中心地理论、廖什的市场区位论等，从土地资源的空间布局入手，优化土地功能利用；此外，英国威斯特的报酬递减律理论、英国学者的田园城市理论、赖特的广亩城市理论及可持续发展理论、景观生态理论等也都是国外最早研究土地集约利用的理论[19]。

詹姆斯（H James Brown，2001）提出以精细化控制城市建筑用地面积的无序增长[20]，这一观点促使西方学者加强对土地利用方式转变的思考，丰富了国外土地节约集约利用的思想体系。格林（Green Bule，2005）针对土地在城市规划中的价值，提出城市规划应体现土地的长远价值和潜在价值，要将土地节约集约利用模型纳入城市规划模型当中，以保证城市规划的多维度思考、可持续发展[21]。近几年，国外关于土地节约集约的研究更多偏向实用性，以解决实际问题为主。凯斯特（Kaset Hart，2016）以 3S 技术解决城市规划中出现的生态问题；三平一郎（2015）提出城市化发展必须将土地节约集约和生态融入进去，保障城市的可持续发展[22]。

2. 国内相关研究概况

近年来，我国的土地资源开发力度及规模不断扩大，随之出现的问题也促使相关学者对于土地节约集约利用进行研究，因国内研究大多以国外研究为基础，理论已经相对成熟，开始注重实践性研究。相较于国外，国内的土地节约集约内涵、模式、现状评估等都已有较丰富的研究成果。

吴芳亮（2010），根据我国城市基础设施配套与土地利用的联系，探索土地节约集约的问题；董黎明（2011），指出土地节约集约的重点是合理把控各类用地的结构和布局；帅文波、杜新波（2013），指出土地节约集约利用实质内涵就是经济内涵，其动力机制是经济利益机制，应探索建立土地利益平衡机制[23]；张筱涵（2014），则希望通过土地结构的优化实现土地资源配置的有效提升，以获得更高的土地综合效益；欧名豪（2016），认为建设用地集约利用的内涵应兼顾生态效益和社会效益，以生产要素的资本投入保障土地资源的有效利用[24]。

在土地节约集约利用评价方面，学者多采用数理统计法，通过建立指标体系或模型进行评价。目前国内尚未形成明确的指标体系，不同学者研究角度不同选择指标体系也不同。赵鹏军(2001)以土地高效化和集约化两个层面设置指标,对土地利用水平进行评价;周伟(2007)从人口承载力和经济投入方面构建指标体系;2014年原国土资源部的《城市建设用地集约利用评价操作手册》则从利用强度、增长耗地、用地弹性和管理绩效4个方面设计了指标体系;另外,评价模型的使用也存在区别:高德山(2015)以Excel为平台,仅依靠数学统计分析法对海口的土地利用现状进行分析和研究[25];谭军(2016)以GIS空间分析技术为主,通过建立遥感图像的信息库,分析城市演变过程中土地利用的变化特点[26];王瑞(2014)以数据挖掘系统(Weki系统)对山东省土地数据进行分析,得出各项经济指标和用地建设相关指标的关联性[27]。

综上所述,国内外学者对大数据和土地节约集约利用的理论与实践应用都展开了大量研究。国外对大数据和节约集约用地相关研究开始的时间较早,理论基础深厚,实践较成熟。而国内的大数据和节约集约用地研究开始较晚,但在理论与实践上都有了很大发展,建设项目节地较之土地资源的节约集约研究起步更晚,建设用地节约集约利用内涵还需进一步明确,以便为后续建设项目节地管控的研究奠定坚实基础。

目前,研究者多注重土地利用模式的区域性研究或单一特定地区的实例或案例研究,缺乏区域性政府层面的管控实例研究,本书以天津市区域内即将进行或已完成审批的建设项目为主要研究对象,在大数据背景下,以提高建设项目用地节约集约的指标体系整合技术和节地管控技术为研究主体,以期丰富建设项目用地管控模式理论与实践的研究,为推进整体的节约集约用地提供参考。

2 天津市建设项目节地管控现状

2.1 天津市建设项目节地管控措施

从全国范围来看，各地区都在积极探索建设项目节地管控的方法与措施。天津市深入研究建设项目用地过程中一系列相关标准、政策、管理制度，积极推进建设用地评价、实施低效用地盘活等措施，严格把控建设用地利用。

2.1.1 制定建设项目用地控制指标

2015 年，天津市依据原国土资源部颁布的《土地使用标准》（上下），按照适度提高和合理控制的原则，考虑天津市产业导向和布局、区域间产业发展水平和差异等因素，制定《天津市建设项目用地控制指标》。《天津市建设项目用地控制指标》对工业项目、教育项目、卫生项目等 18 类建设项目用地进行了规定，是天津市国土资源管理系统的一套土地使用标准。其中，工业项目用地控制指标涵盖了 31 个工业行业类别，将全市区域土地等级划分为四类区域，对容积率、投资强度、建筑系数、行政办公及生活服务设施用地所占比重、绿地率等五项控制性指标进行了详尽规定。市政基础设施项目、非营利性邮政设施项目、教育项目、公益性科研机构项目、非营利性体育设施项目、非营利性公共文化设施项目、卫生系统项目、非营利性社会福利设施项目、电力工程项目、水利设施项目、新建铁路工程项目、公路项目、河港码头工程项目、民用航空运输机场项目、特殊用地项目、仓储项目、墓葬项目等 17 项工程项目建设用地控制指标根据各类建设项目特点，分别对总用地规模指标或单位用地指标做了详尽规定。

工业项目用地分类依据《国民经济行业分类》中的二级分类，涵盖农副食品加工业、食品制造业等共 31 个类别。按行业类别分类管控其容积率、投资强度、建筑系数，其中投资强度指标控制值按照天津市各区域土地资源条件、产业发展水平等分四个区域，一类区域管控要求最高，四类区域最低。

2.1.2 完善制度创新管理办法

2013 年，天津市委为贯彻落实《中共中央关于全面深化改革若干重大问题的决定》的意见，要求进一步健全土地节约集约利用制度，严格节地市场准入标准，提高工业用地单位面积使用效率，加快企业转型升级，促进美丽天津建设。具体措施如下：

1. 完善制度，推进土地节约集约利用

2014 年，天津市《关于促进土地集约节约利用实施意见的通知》（津政办发〔2014〕78号）要求，自 2014 年开始，开展年度天津市、各区县和各开发区、示范园区的节约集约用地评价工作，形成天津市本年度土地节约集约利用公报，并建立土地集约利用公报的年度更新机制。公报在系统梳理和总结既有工作的基础上，分析天津市土地节约集约利用中存在的现实问题，确立下一年度全市土地节约集约利用工作的重点目标。

同时，《关于促进土地集约节约利用实施意见的通知》（津政办发〔2014〕78 号）从土地使用标准、强化管控、完善市场配置等方面提出了对土地节约集约利用的意见。第一，严格落实土地使用标准管控制度。在项目设计、核准备案审批、城市规划审批、用地预审和审批、土地供应及供后监管等环节，均应严格执行土地使用标准。第二，强化土地利用总体规划的整体管控作用。各类与土地利用相关的规划要与土地利用总体规划相衔接，所确定的建设用地规模必须符合土地利用总体规划的安排，不符合土地利用总体规划的必须及时调整，核减用地规模。第三，完善土地市场配置制度。继续坚持工业、仓储、商业、旅游、娱乐、普通商品住房用地招标、拍卖、挂牌出让制度和集中交易制度，对于商服用地和住宅用地，可根据具体情况，灵活采用限房价、竞地价，限地价、竞房价，限地价、竞配建保障房和公共设施等多种竞价方式，实现土地资源有效供应。及时更新工业用地基准地价，探索创新工业用地短期出让或租赁，工业用地出让价格不得低于国家和天津市规定的最低价标准。对于分期建设的工业项目规划可以预留用地，根据实际到位资金和建设速度分期供地，不得先供待用。原划拨工业用地及其他非经营性用地改变用途或实施转让，用于经营性用地项目的，要纳入招标、拍卖、挂牌出让范围。第四，建立健全土地供应全程监管体系。加强建设项目用地供后监管，对出让金缴纳、开工、土地闲置、竣工等实行全程监管，将履行土地出让合同和划拨决定书所规定的投资强度、容积率、建筑系数等情况，作为建设项目竣工验收的内容。第五，建立目标落实执行情况评价制度。建立开发区（示范产业园区）、区县两个层次的节约集约用地评价体系。第六，建立土地节约集约利用奖惩制度。天津市原国土资源部门组织发展改革、规划、城乡建设等相关部门对工作目标落实、指标执行情况进行考核，形成土地节约集约利用情况年度评价报告，上报市人民政府，纳入区县绩效考评体系。第七，加强领导推动共同责任制度建设。健全完善党委领导、政府负责、部门协同、公众参与、上下联动的共同责任制度，完善国土资源、发展改革、规划、公安等部门协调工作机制。

2. 实行考核奖惩制度，统筹建设用地规模

2016 年，天津市《关于印发天津市统筹建设用地规模保障经济社会发展有关意见的通知》（津国土房发〔2016〕21 号），明确规定"实行新增建设用地规模与补充耕地任务、违法用地治理、土地批供率、闲置土地处置、土地节约集约利用'五挂钩'年度考核奖惩制度"，将建设用地规模与社会经济发展统筹考虑，纳入各相关部门考核的标准。

2018 年，天津市国土资源行政主管部门《关于印发天津市新增建设用地规模"五挂钩"考核奖惩实施细则的通知》（津国土房规函字〔2018〕23 号）中规定，"结合我市实际，制定新增建设用地规模与补充耕地任务、违法用地治理、土地批供率、闲置土地处置、土地节约集约利用'五挂钩'年度考核奖惩实施细则""我市实施新增建设用地规模'五挂钩'年度考核奖惩，对考核达标的区，予以市级预留新增建设用地规模奖励；对考核未达标的区，实施建设用地规模使用限制"等，明确了奖励和惩罚的具体内容，切实将控制新增建设用地规模

落到实处。

3. 出台实施管理办法，明确用地规模标准

2018 年，《天津市土地利用总体规划实施管理办法》第十九条规定，"申请调整城乡建设用地规模边界的，应在本行政区域内进行，并满足以下条件：……（三）已明确具体项目的，用地规模需满足国家土地使用标准、《天津市建设项目用地控制指标》（DB 12/T 598-2015）、其他行业建设标准要求，或按规定开展建设项目用地评价"。第二十八条规定，"其他建设项目规划修改应符合下列条件：……（三）已明确具体项目的，用地规模需要满足国家土地使用标准、《天津市建设项目用地控制指标》（DB 12/T 598-2015）、其他行业建设标准要求，或按规定开展建设项目用地评价"。

2020 年，《天津市城镇低效用地再开发工作实施办法（试行）》要求，城镇低效用地有效盘活，新增建设用地增势放缓，城镇建设用地有效供给增强，战略性新兴产业、重大产业、先进制造业、科技型创业创新项目、公共设施以及民生项目用地有效保障，产业转型升级顺利推进，土地节约集约利用水平得到提升，土地资源承载力持续提高。

4. 推进节约用地制度，提升土地利用效率

坚持建设用地总量管控，实行新增建设用地规模与补充耕地任务、违法用地治理、土地批供率、闲置土地处置、土地节约集约利用"五挂钩"的考核奖惩制度，倒逼各区充分使用、盘活存量用地，强化空间管控。同时，将单位国内生产总值建设用地下降率纳入各区年度新增建设用地计划分配参考因素，对下降率情况好的区适当增加年度新增建设用地计划规模，着力盘活存量，推进土地市场配置。一是将近五年实际供地率 60% 作为安排新增建设用地计划和城镇批次用地规模的重要依据；二是严格执行闲置土地处置政策，加快闲置土地的认定和处置；三是鼓励对现有工业用地追加投资、转型改造，提高土地利用强度；四是进一步完善国有土地有偿使用制度，创新工业用地供应方式，探索长期租赁、租让结合、先租后让、弹性年期出让等方式；五是以武清区为试点，积极开展完善国有建设用地使用权转让、出租、抵押二级市场试点改革工作；六是进一步规范工业用地供应工作。

严格遵守土地使用标准，强化项目全过程监管以及机制创新。一是严格执行《市国土房管局关于加强国有建设用地准入管理的通知》（津国土房发〔2017〕8 号）和《天津市建设项目用地控制指标》（DB 12/T 598-2015），形成"依标准用地，超标准减地，无标准评价"的管理常态；二是严格执行批供率预警机制、闲置土地处置情况月度通报和年底公示制度，对建设用地进行全面督察、核查；三是基本形成"党委领导、政府负责、部门协同、公众参与、上下联动"的国土资源节约集约工作新格局。

2.1.3 推进建设用地节约集约利用评价

1. 落实建设项目节地评价制度

2015 年 11 月，天津市发布《天津市建设项目用地控制指标》（DB 12/T 598-2015），要求落实最严格的节约集约用地制度、提高建设项目审批效率、凝聚节约集约用地共识、切实提高节约集约用地水平等几方面。

《天津市建设项目用地控制指标》发布实施以来，实现工业项目年节约用地接近三成，划拨项目年节约用地超过两成，用地浪费现象大幅减少，显著提升了项目用地效率，对促进建设用地潜力的释放，有效缓解我市土地资源紧张和发展需求之间的矛盾，发挥了重要的作用；

有效引导各行各业建设项目的选址、用地规模设置、规划布局和功能分区向高效集约的合理化方向发展，已成为各项目单位、各级管理部门的共识，树立和提升了我市各行各业节约集约用地的观念和意识；西青区、武清区、宝坻区、天津港保税区等地，均要求在发改部门立项审批前，依据《天津市建设项目用地控制指标》审核建设项目用地规模，实行建设项目节地准入分析；对无标准项目和确需突破使用标准的项目，应积极进行提前沟通、优化核减用地规模。将符合《天津市建设项目用地控制指标》和节地要求，作为办理各项审批要件的前置条件，从而降低了建设项目因节地审核而产生的重复办件率，提高了整体审批效率；若在各类建设项目办理用地审批手续阶段，经国土部门核查用地标准和规模，对发现建设项目超标准用地的，规划局将配合修改分区控制性详细规划、建设用地规划许可证等相关批准文件，坚持做到国土、规划标准统一，促进天津市土地资源节约集约利用的提高。

2. 全面推进城市建设用地节约集约利用评价

2014 年，天津市发布《关于促进土地集约节约利用实施意见的通知》（津政办发〔2014〕78 号），要求开展天津市各区、各开发区、示范园区的节约集约用地评价工作，形成天津市土地节约集约利用公报，并建立土地集约利用公报的年度更新机制。公报在系统梳理和总结既有工作的基础上，分析天津市土地节约集约利用中存在的现实问题，确立下一年全市土地节约集约利用工作的重点目标。

3. 积极推进模范县创建与开发区评价

通过模范县创建，各区县国土资源管理部门以此为契机，以创建促管理，通过倒逼机制，进一步规范动态巡查、卫片执法检查、12336、案卷查办等基础工作，夯实执法监察基础，提升执法监察水平。

在全市范围内，全面开展开发区评价。各区、开发区管委会通过评价结果，分析批而未建、批而未供、供而未用、用而未尽等低效用地规模、结构和分布情况，制定管理措施，提高开发区节约集约用地水平，加强用地结构控制，充分发挥特色优势。天津市立足产业集聚区功能定位，加大了工矿仓储用地比例。探索集中建设企业非生产性配套设施，提高基础设施共享程度和利用效率。集中建设生产性配套设施，提高基础设施利用效率。

与城市相结合的开发区，合理调整了用地结构和布局，推动单一生产功能向城市综合功能转型，提高了土地利用综合效益；加大土地统筹利用，妥善处理历史遗留问题。依据开发区总体规划和产业发展规划，合理安排建设用地供应总量、结构、布局、时序和方式，做好土地统筹利用，防止出现土地低效浪费的现象。针对个别开发区内集体建设用地，在符合规划和用地管制的前提下，探索引导开发区集体经营性建设用地出让、租赁、入股，完善土地租赁、转让、抵押二级市场，妥善处理集体经营性用地等历史遗留问题。

2.1.4 实施低效用地盘活再利用

随着经济的快速发展，城镇化建设取得突飞猛进的发展，城镇用地结构布局不断优化，土地利用效率不断提升。由于历史的或现代化进程中的原因，城镇外延式扩张与存量土地低效利用状况并存。一方面，城镇快速扩张占用大量耕地良田，土地开发强度过高，与资源环境承载力不相适应。另一方面，城镇内部存在大量低效用地，盘活利用潜力巨大，集中表现在：一是布局散乱，容积率低、建筑密度低、投入产出率低；二是产业用地配置不合理，大量工业用地集中在黄金地段，有的还是淘汰类或禁止类产业；三是旧城镇、旧村庄、旧厂房建筑危旧、设施落后、环境脏乱，群众意见大。开展城镇低效用地再开发，可以将低效、空闲土地资源进行改造开发利用，满足经济发展对建设用地空间的需求，在高效利用土地资源的同时，减少新增建设用地对农用地、未利用土地等生态用地的侵占，缓和需求与供给之间的矛盾。

为加快推进城镇低效用地再开发工作，促进产业结构调整升级，进一步提高天津市节约集约用地水平，推动经济绿色高质量发展，2020 年，天津市规划和自然资源局印发《天津市城镇低效用地再开发工作实施意见（试行）》，《意见》所称城镇低效用地是指土地利用变更调查确定的建设用地中，布局散乱、利用粗放、用途不合理、建筑危旧的城镇存量建设用地，包括：（1）国家产业政策规定的禁止类、淘汰类产业用地；（2）不符合安全生产和环保要求的用地；（3）"退二进三"产业用地；（4）布局散乱、设施落后，规划确定改造的老城区、城中村、棚户区、老工业区等；（5）根据实际认定为低效用地的其他建设用地。

2.2 天津市建设用地节约集约利用情况

2.2.1 我国建设用地节约集约利用现状

2018 年，自然资源部发布了《全国城市区域建设用地节约集约利用评价情况通报》。《通报》显示，近年来，全国城市区域集约用地水平逐年提高，建设用地总规模的增幅保持较低水平，城乡用地内部结构持续优化，建设用地投入产出效益持续提升，经济增长的用地消耗不断下降，土地城镇化快于人口城镇化的趋势初步扭转。《通报》对全国各直辖市、省会城市区域建设用地节约集约利用情况进行分析，按照利用综合指数分成三类：低度节约集约水平区、中度节约集约水平区、高度节约集约水平区。广州市、厦门市、武汉市、天津市、北京市和上海市属于高度节约集约水平区；杭州市、长沙市、贵阳市、南京市、成都市、南昌市、西安市、合肥市、青岛市、乌鲁木齐市、西宁市和太原市属于中度节约集约水平区；重庆市、郑州市、海口市、拉萨市、哈尔滨市、兰州市、南宁市、昆明市、石家庄市、长春市、银川市、沈阳市和呼和浩特市属于低度节约集约水平区。具体情况如表 2-1 所示。

表 2-1　全国各直辖市、省会城市区域建设用地节约集约利用状况排序

排名	省份	城市	综合指数	排名	省份	城市	综合指数
1	广东省	广州市	62.3	17	青海省	西宁市	40.86
2	福建省	厦门市	59.02	18	山西省	太原市	38.25
3	湖北省	武汉市	54.51	19	重庆市	重庆市	36.97
4	天津市	天津市	53.22	20	河南省	郑州市	36.11
5	北京市	北京市	52.87	21	海南省	海口市	35.5
6	上海市	上海市	52.46	22	西藏自治区	拉萨市	33.76
7	浙江省	杭州市	48.89	23	黑龙江省	哈尔滨市	33.52
8	湖南省	长沙市	48.26	24	甘肃省	兰州市	32.96
9	贵州省	贵阳市	46.8	25	广西壮族自治区	南宁市	31.42

排名	省份	城市	综合指数	排名	省份	城市	综合指数
10	江苏省	南京市	46.03	26	云南省	昆明市	30.83
11	四川省	成都市	44.14	27	河北省	石家庄市	30.53
12	江西省	南昌市	43.71	28	吉林省	长春市	29.36
13	陕西省	西安市	42.03	29	宁夏回族自治区	银川市	27.92
14	安徽省	合肥市	41.87	30	辽宁省	沈阳市	26.98
15	山东省	青岛市	41.57	31	内蒙古自治区	呼和浩特市	24.36
16	新疆维吾尔自治区	乌鲁木齐市	41.09				

对建设用地节约集约利用水平进行分析研究，不难发现：

1. 低度节约集约水平区

低度节约集约水平区的城市土地节约集约利用水平较低，受经济发展等因素的影响，土地利用尚处于比较粗放的阶段，政府对如何在土地资源开发利用中全面落实科学发展观、坚持可持续发展战略的认识不到位。

地方政府对低效用地盘活重视度不高，注重用新增建设用地保发展，盲目扩大供地规模，片面追求土地资产变现的思想还存在，土地低效、粗放利用的现象也不少。存量建设用地历史遗留问题突出，大量土地闲置和低效利用。而且低效用地盘活成本较高，地方政府推进的积极性不高。

土地出让金收取政策以及相关利益分配机制不够明确，导致各方利益协调难度大，市场主体参与的主动性不高，激励政策有待进一步完善。

2. 中度节约集约水平区

中度节约集约水平区的城市土地节约集约利用水平尚可，主要做法为：建章建制引导节约集约用地，通过出台一系列政策文件，构建了较为完善和有效的节约集约用地机制体制。规划计划管控节约集约，坚持规划先行，引导和规范节约集约用地，严格执行规划计划，健全土地利用标准体系，严格按年度计划和定额标准供地。创新节地技术，推进节约集约用地。

当前还需推进节约集约用地工作形成合力，完善存量土地相关制度，健全监管机制。

3. 高度节约集约水平区

广州市城市建设用地节约集约利用水平排在全国首位，分析广东省的主要做法有：第一，不断优化国土空间开发新格局，广东省在相继出台了支持粤东西北振兴发展、交通基础设施建设和大型骨干企业发展等用地政策的同时，继续创新性地提出新一轮土地利用总体规划实施和修改的相关操作规范，实现了土地利用总体规划"刚性"与"弹性"的有机结合；通过管控修改适用范围、减少修改频率、审核建设用地置换规模、控制修改占用耕地等四个方面来指导土地利用总体规划，充分发挥规划的管控作用。第二，广东省 2018 年出台了《广东省土地利用年度计划管理办法》《广东省重大产业项目计划指标奖励办法》及相关配套文件，采取有保有压的方式，充分发挥计划的调控作用。第三，深化"放管服"改革，提高行政审批效率。第四，加大"三旧"改造力度，拓展发展空间。

2.2.2 天津市建设用地节约集约利用现状

分析全国城市区域建设用地节约集约利用评价情况，天津处在高度节约集约水平区的腰部，土地节约集约利用水平相对较高。

1. 2016—2018 年天津市建设用地节约集约利用分析

天津市土地节约集约利用情况，主要在单位国内生产总值（Gross Domestic Product，以下简称 GDP）建设用地目标考核评价、城市建设用地节约集约利用评价、闲置土地和批而未供土地清查整改等各项工作的基础上汇总形成。

（1）建设用地综合效益

从单位 GDP 建设用地消耗情况来看，按照原国土资源部下达的目标要求，至"十三五"期末，天津市单位 GDP 建设用地下降率达到 20%。2016 年较 2015 年基期相比下降了 7.90%，下降率超过上海、重庆，完成国家下达目标 40%。2017 年较 2015 年基期相比下降率为 12.17%，达到国家下达目标值的 61%。2018 年较 2015 年基期相比下降率为 14.88%。整体来看，单位 GDP 建设用地消耗逐年下降。

从单位固定资产投资建设用地消耗情况来看，按照《国土资源部关于推进土地节约集约利用的指导意见》（国土资发〔2014〕119 号）要求，至"十三五"期末，天津市单位固定资产投资建设用地规模比 2010 年下降 80%。经测算，2016 年较 2015 年基期下降了 10.59%，下降率优于北京、上海、广州和重庆。受经济下行压力的影响，2017 年、2018 年较 2015 年基期下降率分别为 -16.19%、-178.01%，下降率低于北京、上海、广州和重庆。

从单位 GDP 增长消耗的新增建设用地情况来看，按照《关于促进土地集约节约利用实施意见的通知》（津政办发〔2014〕）要求，天津市单位 GDP 规模增长的新增建设用地消耗量至 2020 年期间每年减少 10%。2016 年比 2015 年基期下降 31.69%，单位 GDP 增长消耗的新增建设用地规模水平优于北京、上海、广州和重庆，超额实现年度目标。2017 年较 2016 年上升 77.62%，未实现年度目标。

从单位固定资产投资增长消耗的新增建设用地情况来看，按照《天津市人民政府办公厅转发市国土房管局关于促进土地节约集约利用实施意见的通知》（津政办发〔2014〕78 号）要求，天津市单位固定资产投资规模增长的新增建设用地消耗量至 2020 年期间每年减少 17%。2016 年较 2015 年下降 55.22%，投资增长耗地处于相对集约的水平，超额实现年度目标。2017 年较 2016 年上升 58.67%，未实现年度目标。

（2）闲置用地处置情况

从闲置土地整改处置情况来看，2016—2018 年，天津市政府与各区政府分别签订了《违规用地整改目标责任书》，将考核年上一年已处置闲置土地落实到位、考核年当年新增闲置土地年底前全部处置完毕、年内闲置土地处置量大于闲置土地新增量作为考核任务。天津市强力推动闲置土地整改处置，闲置土地处置实现 100% 处置目标，全部完成整改处置工作，整改率达到 100%。

从批而未供土地整改情况来看，天津市大力推进批而未供土地整改工作。从解决单独选址项目用地单位不主动申请和协调解决前期手续有效期、图形数据统一等问题出发，实现批量集中供地；建立批而未供红线警示机制、实时监控各区当年批供情况、制定批征指标红线、提前限制年度批征量等，有效控制批而未供土地规模。2016—2018 年，天津市批而未供土地整改工作取得较大进展，2013—2017 年全市新增建设用地供应率为 76%，各区均超过 60%，实现国家目标要求。

（3）管理制度情况

自 2016 年以来，天津市通过制定《天津市建设项目用地控制指标》（DB12/T598-2015）、新增建设用地规模"五挂钩"考核奖惩实施细则、全面落实建设项目节地评价工作等措施，健全了天津市土地使用标准的控制制度，为编制、评估和审批建设项目可行性研究报告，确定项目建设用地规模提供了依据；为编审初步设计文件、核定和审批建设项目用地面积提供了标准；为天津市各级国土资源管理部门进行建设项目用地审批、土地供应、土地利用评价考核和供后监管提供了重要的政策依据和制度规范。

从整体来看，2016—2018 年天津市建设用地节约集约利用情况较好，节约集约用地目标完成情况较好。

2. 天津市各区县建设用地节约集约利用情况分析

（1）市内六区节约集约用地情况

从单位 GDP 建设用地规模来看，2016 年、2017 年分别为 22.94 公顷（344.04 亩）/亿元、21.87 公顷（328.10 亩）/亿元；市内六区单位 GDP 建设用地规模分别为 13.67 公顷（205 亩）/亿元、15.33 公顷（230 亩）/亿元，均优于全市平均水平。建设用地下降率排名 2016—2017 年不尽相同，和平区和河西区建设用地下降率较上年有所提高，但其他四区均低于上年建设用地下降率，整体上 2017 年单位 GDP 建设用地下降率较上年有所下降。

从单位固定资产投资建设用地规模来看，2016—2018 年分别为 28.25 公顷（423.81 亩）/亿元、36.94 公顷（554.16 亩）/亿元、87.85 公顷（1317.73 亩）/亿元；市内六区单位固定资产投资建设用地分别为 23.67 公顷（355 亩）/亿元、36.94 公顷（554.16 亩）/亿元、45.33 公顷（680 亩）/亿元，均优于全市平均水平，但建设用地规模逐年上升。建设用地下降率南开区和河西区排名靠前，整体上单位 GDP 建设用地下降率呈逐年下降的趋势。

（2）涉农区节约集约用地情况

按照相关要求，涉农区节约集约用地年度评价指标单位 GDP 增长消耗的新增建设用地下降率和单位固定资产投资增长消耗的新增建设用地下降率主要包括用地效率类指标和增长耗地类指标。用地效率类指标包括单位 GDP 建设用地规模和下降率、单位固定资产投资建设用地下降率。

从用地效率类指标来看，天津市涉农 10 区中，2016 年单位 GDP 建设用地规模滨海新区为 15.73 公顷（236.02 亩）/亿元、北辰区为 19.55 公顷（293.20 亩）/亿元、西青区为 22.42 公顷（336.32 亩）/亿元，优于全市平均水平；单位 GDP 建设用地下降率排名比较靠前的主要为滨海新区、东丽区、西青区和津南区，高于全市平均水平；单位固定资产投资建设用地规模北辰区、西青区、津南区和宁河区优于全市平均水平，分别达到 17.92 公顷（268.87 亩）/亿元、21.16 公顷（317.33 亩）/亿元、23 公顷（345.00 亩）/亿元和 27.66 公顷（414.90 亩）/亿元。2017 年单位 GDP 建设用地规模滨海新区为 19.47 公顷（292.05 亩）/亿元、北辰区为 18.60 公顷（279.01 亩）/亿元，优于全市平均水平；单位 GDP 建设用地下降率排名比较靠前的主要为宝坻区、武清区、静海区和北辰区，高于全市平均水平；单位固定资产投资建设用地规模西青区、津南区和北辰区优于全市水平，分别达到 20.45 公顷（306.76 亩）/亿元、21.89 公顷（328.38 亩）/亿元、24.20 公顷（363.06 亩）/亿元。2018 年单位 GDP 建设用地下降率只有武清区高于全市平均水平，其他 9 区均低于全市平均水平；单位固定资产投资建设用地规模津南区和西青区优于全市平均水平，分别为 60.87 公顷（913.11 亩）/亿元和 72.20 公顷

（1083.05 亩）/亿元。从整体来看，2016—2018 年天津市涉农 10 区用地效率类指标逐年下降。

从增长耗地类指标来看，天津市涉农 10 区中，2016 年单位 GDP 增长消耗的新增建设用地规模滨海新区和津南区指标分别为 0.06 公顷（0.84 亩）/亿元和 0.92 公顷（13.85 亩）/亿元，优于全市平均水平，即 0.99 公顷（14.79 亩）/亿元，其他 8 区均低于全市平均水平；单位 GDP 增长消耗的新增建设用地年度下降率东丽区、津南区、滨海新区、宁河区、武清区和蓟州区实现年度下降目标。2017 年单位 GDP 增长消耗的新增建设用地规模宝坻区指标为 1.00 公顷（15.02 亩）/亿元，高于全市平均水平，即 1.75 公顷（26.27 亩）/亿元。2016 年单位固定资产投资增长消耗的新增建设用地规模滨海新区、蓟州区、津南区、宁河区和东丽区优于全市水平 0.1 公顷（1.50 亩）/亿元；单位固定资产投资增长消耗的新增建设用地年度下降率，滨海新区、东丽区、津南区、武清区、宁河区、蓟州区 6 区实现年度下降目标。2017 年单位固定资产投资增长消耗的新增建设用地规模东丽区、西青区、津南区、北辰区、宝坻区和蓟州区优于全市水平 0.16 公顷（2.38 亩）/亿元；单位固定资产投资增长消耗的新增建设用地年度下降率，宝坻区、西青区、北辰区、静海区、东丽区、津南区和蓟州区 7 区均实现年度下降目标。

在各区闲置土地情况中，滨海新区、蓟州区闲置土地情况占比较高。

3. 开发区、示范园区节约集用地年度评价情况

按照《天津市人民政府办公厅转发市国土房管局关于促进土地节约集约利用实施意见的通知》（津政办发〔2014〕78 号）要求，开发区和示范园区节约集约用地评价主要涉及利用强度、投入产出水平、增长耗地和土地管理等 4 个方面，含综合容积率、工业用地综合容积率、地均固定资产投资、地均税收、单位固定资产投资增长消耗的用地增量、单位产出增长消耗的用地增量、土地供应率和闲置土地率 8 项指标。

（1）国家级开发区节约集约用地情况

2016 年，天津市国家级开发区平均综合容积率为 0.82，工业用地综合容积率为 0.95，建筑密度为 31.68%，工业用地建筑密度为 60.89%；工业用地固定资产投资为 6971.43 万元/公顷，工业用地地均税收为 926.88 万元/公顷；土地供应率为 81.65%，闲置土地率为 0.05%。

2017 年，天津市国家级开发区平均综合容积率为 0.84，工业用地综合容积率为 0.97，建筑密度为 31.75%，工业用地建筑密度为 60.73%；工业用地地均固定资产投资为 7221.97 万元/公顷，工业用地地均税收为 951.77 万元/公顷；土地供应率为 92.28%，无闲置土地。与上一年度相比较，各项建设用地指标均有提升，土地集约利用水平总体向好发展。

2018 年，天津市国家级开发区平均综合容积率为 0.85，工业用地综合容积率为 0.96，建筑密度为 32.15%，工业用地建筑密度为 60.95%；工业用地地均固定资产投资为 9691.12 万元/公顷，工业用地地均税收为 644.65 万元/公顷；土地供应率为 91.43%，无闲置土地。与上一年度相比较，从各项建设用地指标来看，土地利用强度、产业用地投入强度和工业用地固定资产投资均有提升，但工业用地地均税收比 2017 年度有所下降。

2016—2018 年，从用地强度指标、增长耗地和土地管理指标来看，天津市经济技术开发区、天津北辰经济技术开发区均位于前列。

（2）市级开发区节约集约用地情况

2016 年，天津市市级开发区平均综合容积率为 0.64，工业用地综合容积率为 0.78，建筑密度为 28.18%，工业用地建筑密度为 44.69%；工业用地固定资产投资为 5032.03 万元/公顷，

工业用地地均税收为 323.95 万元/公顷，土地供应率为 88.56%，闲置土地率为 0.29%。从用地强度、增长耗地和土地管理指标来看，天津空港经济区和天津军粮城工业园区排名较前。

2017 年，天津市市级开发区平均综合容积率为 0.64，工业用地综合容积率为 0.78，建筑密度为 28.24%，工业用地建筑系数为 45.41%；工业用地固定资产投资为 5380.39 万元/公顷，工业用地地均税收为 263.26 万元/公顷；土地供应率为 88.56%，无闲置土地。与上一年度相比较，建筑密度、工业用地建筑系数、工业用地固定资产投资等指标均有提升，土地集约利用水平总体向好发展。从用地强度、增长耗地和土地管理指标来看，天津中北工业园区和天津大王古经济开发区排名较前。

2018 年天津市市级开发区平均综合容积率为 0.65，工业用地综合容积率为 0.79，建筑密度为 28.86%，工业用地建筑系数为 44.34%；工业用地固定资产投资为 5259.63 万元/公顷，工业用地地均税收为 204.27 万元/公顷；土地供应率为 92.67%，无闲置土地。与上一年度相比较，综合容积率、工业用地综合容积率、建筑密度等指标均有提升。从用地强度、增长耗地和土地管理指标来看，天津军粮城工业园区和天津静海经济开发区排名较前。

整体来看，2016—2018 年，天津市市级开发区土地开发利用程度总体良好，土地利用结构相对合理，土地利用强度稳步提升，产业用地投入强度日益凸显，产出效益受经济下行压力影响有所下降，土地管理绩效水平进一步提高。

（3）示范园区节约集约用地情况

2016 年天津市 29 个示范园区综合容积率为 0.57，工业用地综合容积率为 0.82，工业用地地均固定资产投资强度达到 5208.17 万元/公顷，工业用地地均产出为 5393.85 万元/公顷，工业用地地均税收为 178.53 万元/公顷，土地开发率为 56.77%，土地供应率为 72.19%，土地建成率为 77.55%，无闲置土地。

2017 年天津市 29 个示范园区综合容积率为 0.60，工业用地综合容积率为 0.85，工业用地固定资产投资强度达到 5972.16 万元/公顷，工业用地地均产出为 6285.41 万元/公顷，工业用地地均税收为 234.80 万元/公顷，土地供应率为 86.00%，闲置土地率为 0.32%。从各项指标来看，天津京津科技谷和天津武清汽车产业园排名较前。

2018 年天津市 29 个示范园区综合容积率为 0.62，工业用地综合容积率为 0.87，工业用地固定资产投资强度达到 6177.61 万元/公顷，工业用地地均产出为 5598.50 万元/公顷，工业用地地均税收为 203.01 万元/公顷，土地供应率为 85.26%，闲置土地率为 0.43%。从各项指标来看，天津京津科技谷和天津高端装备制造产业园排名较前。

整体来看，示范园区节约集约用地水平与国家级和市级开发区相比尚有一定差距。

2.3 存在问题

相较其他城市，天津市在建设项目节地管控、土地节约集约利用方面取得了一些成绩，但目前还存在不足，仍有提升空间：第一，工业用地供应方式较为单一化，目前局限于出让年期为 50 年的招标拍卖挂牌供应方式，且工业用地取得时长中出让公告发布及组织招拍挂环节时长占比过大，约为总时长的 48%。第二，对比其他省市建设项目用地标准，天津市在建设项目用地标准上细化程度仍有不足,仍需细化,提高建设项目节地管控评价要求等,实现标准管控在市域范围内全覆盖。第三,现阶段缺乏整体土地利用综合信息数据库,缺乏建设项目节地管控数据和信息的平台,需利用计算机辅助系统,建设天津市土地利用信息平台,提供土地利用现状综合评价信息查询数据平台。第四,城市建设用地节约集约利用评价体系具有普遍适用性,但各地经济发展水平、土地利用结构等具有特殊性,评价体系标准仍需从数据口径、指标选取、指标值确定等方面进行完善,制定适用于天津市的评价标准。第五,在推动解决城镇低效用地再开发过程中,现有手段不管用、不好用的问题,且没有强力推动的上位法律法规作为依据。第六,城镇低效用地推动动能不足,合力难聚,城镇低效用地再开发工作难度高、风险大、收益低。

3 土地管理新形势对节地管控的要求

3.1 土地管理新形势分析

3.1.1 开展第三次国土调查

2017 年 10 月，中共中央国务院印发了《国务院关于开展第三次全国土地调查的通知》（国发〔2017〕48 号），决定自 2017 年起开展第三次全国土地调查。主要目的是全面查清当前全国土地利用状况，掌握真实准确的土地基础数据，健全土地调查、监测和统计制度，强化土地资源信息社会化服务，满足经济社会发展和国土资源管理工作需要。

第三次全国土地调查对象为我国陆地国土，调查内容为：土地利用现状及变化情况，包括地类、位置、面积、分布等状况；土地权属及变化情况，包括土地的所有权和使用权状况；土地条件，包括土地的自然条件、社会经济条件等状况。进行土地利用现状及变化情况调查时，重点调查永久基本农田现状及变化情况，包括永久基本农田的数量、分布和保护状况；细化耕地调查，全面掌握耕地数量、质量、分布和构成，开展低效闲置土地调查，全面摸清城镇及开发区范围内的土地利用状况；同步推进相关自然资源专业调查，整合相关自然资源专业信息。

在调查信息基础上，建立互联共享的覆盖国家、省、地、县四级的集影像、地类、范围、面积、权属和相关信息为一体的国土调查数据库，完善各级互联共享的网络化管理系统；健全国土及森林、草原、水、湿地等自然资源信息的调查、统计和全天候、全覆盖遥感监测与快速更新机制。

第三次全国土地调查能掌握真实准确的土地基础数据，是推进国家治理体系和治理能力现代化、促进经济社会全面协调可持续发展的客观要求，是加快推进生态文明建设、夯实自然资源调查基础和推进统一确权登记的重要举措，是编制国民经济和社会发展规划、加强宏观调控、推进科学决策的重要依据，是实施创新驱动发展战略、支撑新产业新业态发展、提高政府依法行政能力和国土资源管理服务水平的迫切需要，是落实最严格的耕地保护制度和最严格的节约用地制度、保障国家粮食安全和社会稳定、维护农民合法权益的重要内容，是科学规划、合理利用、有效保护国土资源的基本前提。

3.1.2 形成了新的国土空间规划体系

长期以来，我国国土空间在不同发展诉求和价值引领下，面临着"多规"衔接复杂、部门协调困难、规划立法薄弱等难题。各级各类空间规划在支撑城镇化快速发展、促进国土空间合理利用和有效保护方面发挥了积极作用，但也存在规划类型过多、内容重叠冲突，审批流程复杂、周期过长，地方规划朝令夕改等问题。党的十九大对深化机构和行政体制改革做出重要部署：由自然资源部统一行使所有国土空间用途管制的职责，通过资源和事权的整合改善过去条块分割所带来的弊端。

2018年5月，在全国生态环境保护大会上，习近平总书记再一次重申了对优化国土空间开发布局的重视；李克强总理指出要建立统一的空间规划体系和协调有序的国土开发保护格局；自然资源部部长陆昊也提到，规划既不是城乡规划也不是土地利用规划，而应该是国土空间规划。在国土空间划分中，要建立不同层级能够全覆盖的国土空间划分体系，同时在相应层级、相应分区类型中建立规划体系和管控细则，对全域国土空间实施用途管制。因此，构建全国统一、相互衔接、分级管理的国土空间规划体系，成为当下城乡规划改革的焦点。空间规划体系改革并非过去简单的"多规合一"，而是在统一话语下实现空间治理体系的提升。[28]

2019年5月，国务院出台了《中共中央国务院关于建立国土空间规划体系并监督实施的若干意见》（中发〔2019〕18号）（以下简称《若干意见》），《若干意见》指出国土空间规划是国家空间发展的指南、可持续发展的空间蓝图，是各类开发保护建设活动的基本依据。建立国土空间规划体系并监督实施，将主体功能区规划、土地利用规划、城乡规划等空间规划融合为统一的国土空间规划，实现"多规合一"，强化国土空间规划对各专项规划的指导约束作用，是党中央、国务院做出的重大部署。《若干意见》提出建立"五级三类"国土空间规划体系，即国家、省、市、县、乡镇"五级"和总体规划、专项规划、详细规划"三类"，并提出建立完善规划编制审批、实施监督、法规政策和技术标准四大体系。坚持"多规合一"，不在国土空间规划体系之外另设其他空间规划，这是我国首次以国家最高文件形式提出规范建立国土空间规划体系，标志着我国空间规划体系由单要素管理向全要素综合管理的转变，真正实现"多规合一"。

《若干意见》提出到2020年，基本建立国土空间规划体系，逐步建立"多规合一"的规划编制审批体系，实施监督体系、法规政策体系和技术标准体系；基本完成市县以上各级国土空间总体规划编制，初步形成全国国土空间开发保护"一张图"。到2025年，健全国土空间规划法规政策和技术标准体系，全面实施国土空间监测预警和绩效考核机制，形成以国土空间规划为基础，以统一用途管制为手段的国土空间开发保护制度。到2035年，全面提升国土空间治理体系和治理能力现代化水平，基本形成生产空间集约高效、生活空间宜居适度、生态空间山清水秀，安全和谐、富有竞争力和可持续发展的国土空间格局。

1. 分级分类建立国土空间规划。国土空间规划是对一定区域国土空间开发保护在空间和时间上做出的安排，包括总体规划、详细规划和相关专项规划。国家、省、市、县编制国土空间总体规划，各地结合实际编制乡镇国土空间规划。相关专项规划是指在特定区域（流域）、特定领域，为体现特定功能，对空间开发保护利用做出的专门安排，是涉及空间利用的专项规划。国土空间总体规划是详细规划的依据、相关专项规划的基础；相关专项规划要相互协同，并与详细规划做好衔接。

2. 明确各级国土空间总体规划编制重点。全国国土空间规划是对全国国土空间做出的全局安排，是全国国土空间保护、开发、利用、修复的政策和总纲，侧重战略性，由自然资源部会同相关部门组织编制，由党中央、国务院审定后印发；省级国土空间规划是对全国国土空间规划的落实，指导市县国土空间规划编制，侧重协调性，由省级政府组织编制，经同级人大常委会审议后报国务院审批；市县和乡镇国土空间规划是本级政府对上级国土空间规划要求的细化落实，是对本行政区域开发保护做出的具体安排，侧重实施性。需报国务院审批的城市国土空间总体规划，由市政府组织编制，经同级人大常委会审议后，由省级政府报国务院审批；其他市县及乡镇国土空间规划由省级政府根据当地实际，明确规划编制审批内容和程序要求。各地可因地制宜，将市县与乡镇国土空间规划合并编制，也可以几个乡镇为单元编制乡镇级国土空间规划。

3. 强化对专项规划的指导约束作用。海岸带、自然保护地等专项规划及跨行政区域或流域的国土空间规划，由所在区域或上一级自然资源主管部门牵头组织编制，报同级政府审批；涉及空间利用的某一领域专项规划，如交通、能源、水利、农业、信息、市政等基础设施，公共服务设施，军事设施，以及生态环境保护、文物保护、林业草原等专项规划，由相关主管部门组织编制。相关专项规划可在国家、省和市县层级编制，不同层级、不同地区的专项规划可结合实际选择编制的类型和精度。

4. 在市县及以下编制详细规划。详细规划是对具体地块用途和开发建设强度等做出的实施性安排，是开展国土空间开发保护活动、实施国土空间用途管制、核发城乡建设项目规划许可、进行各项建设等的法定依据。在城镇开发边界内的详细规划，由市县自然资源主管部门组织编制，报同级政府审批；在城镇开发边界外的乡村地区，以一个或几个行政村为单元，由乡镇政府组织编制"多规合一"的实用性村庄规划，作为详细规划，报上一级政府审批。

2020 年 5 月，为贯彻落实《若干意见》，全面启动国土空间规划编制审批和实施管理工作，自然资源部印发了《自然资源部关于全面开展国土空间规划工作的通知》（自然资发〔2019〕87 号），指出各级自然资源主管部门，应建立"多规合一"的国土空间规划体系并监督实施，抓紧启动编制全国、省级、市县和乡镇国土空间规划（规划期至 2035 年，展望至 2050 年），尽快形成规划成果，需做好过渡期内主体功能区规划、土地利用总体规划、城乡规划、海洋功能区规划等现有空间规划的衔接协同，明确国土空间规划报批审查的要点，改进规划报批审查方式，对近期相关规划提出了指引。

至今，国家又相继发布了《资源环境承载能力和国土空间开发适宜性评价技术指南》（试行）、《市县国土空间总体规划编制指南》《城镇开发边界划定指南》（2019 年 6 月）、《国土空间规划"一张图"建设指南》（试行）、《市县国土空间开发保护现状评估技术指南》（试行）（2019 年 7 月）、《国土空间规划用地用海分类指南》（试行）（2020 年 2 月）等相关技术标准，对国土空间规划编制过程中多个层面遇到的难题提供了技术指导。如《资源环境承载能力和国土空间开发适宜性评价技术指南》（试行）中指出资源环境承载能力和国土空间开发适宜性评价是国土空间规划编制的前提和基础，明确了"双评价"的评价目标、评价原则、评价方法及评价技术流程，指明了成果应用的方向，对数据准备也提出了要求。

建立全国统一、责权清晰、科学高效的国土空间规划体系，整体谋划新时代国土空间开发保护格局，综合考虑人口分布、经济布局、国土利用、生态环境保护等因素，科学布局生产空间、生活空间、生态空间，是加快形成绿色生产方式和生活方式、推进生态文明建设、建设美丽中国的关键举措。

3.1.3 土地管理进入减量化时代

2014 年，原国土资源部出台《节约集约利用土地规定》和《关于推进土地节约集约利用的指导意见》，正式提出："减量用地"是实现节约集约利用土地的目标之一，"实施建设用地总量控制和减量化战略"。2015 年，中共中央国务院印发《生态文明体制改革总体方案》，明确提出"完善资源总量管理和全面节约制度"，要完善最严格的耕地保护制度和土地节约集约利用制度，明确"实施建设用地总量控制和减量化管理"，建设用地减量化管理上升为国家战略举措。实施建设用地总量控制和减量化管理，严控增量，盘活存量，要求积极推进新型城镇化建设，严格控制超大城市、特大城市用地规模，合理安排大中小城市用地。

"减量化"是固体废物管理领域的重要概念，泛指在生产、流通和消费等过程中减少资源消耗和废物产生，在循环经济领域得到广泛应用。在土地资源管理领域，减少对建设用地的占用，既涉及降低新的土地资源消耗，控制建设用地的新增量，本意是强调节约用地；同时，又对原有的建设用地资源加大利用强度，实现土地利用整体效益效率的提升，实质就是集约用地，亦即用地增效。[29]

具体而言，建设用地减量化是指对不符合规划要求且社会经济或环境效益较差的现状建设用地，通过拆除复垦等土地综合整治工作，按照"宜农则农，宜林则林"的要求，使之恢复农地生产能力或发挥生态用地功能的过程。"减"的目的是更好地"增"。无论从用地总量、绩效、能耗、环保、人口控制等方面来看，实施低效建设用地减量化都是十分有益的。[30]

国土规划和管理在现有土地管理框架下的建设用地减量化制度得以创新，目前存在建设用地实际需求量大、增量过快，同时又存在存量过多、用地效率相对较低的实际问题，为解决这一问题，通过基于存量建设用地优化调整的资源配置的方式解决，以实现"总量锁定、增量递减、存量优化、流量增效、质量提高"，即"五量调控"的土地利用总目标。[31]对建设用地减量化运作机制的研究，总结和推广了建设用地减量化政策的完善和减量化经验。

建设用地减量化过程，即为"五量调控"的土地利用目标实现的过程。具体实施过程中，通过对低效的农村宅基地、工矿仓储用地和其他建设用地的减量复垦，位置固定的建设用地转化为可流转的建设用地指标和耕地占补平衡指标，为存量建设用地优化提供可能；减量化指标根据土地边际收益，配置到产出效益高的区域，同时对复垦耕地和周边农用地进行综合整治，实现流量增效；最终存量建设用地转移，建设用地布局结构得以优化，耕地质量提高。[32]盘活低效建设用地存量，为新增建设用地递减提供了可能，完成建设用地总量锁定目标。

首先，建设用地减量化对建设用地规模进行"总量控制"，不会增加建设用地指标；其次，建设用地减量化，其为减，实为增，以低效建设用地减量复垦后的建设用地指标和耕地占补平衡指标确定新增建设用地规模，减少建设用地面积，增加建设用地价值，提高收益。[33]

3.1.4 土地管理对大数据的支撑需求日益迫切

土地管理是保障土地资源可持续利用的重要手段，国家根据社会经济发展的需要，从保持生态平衡、绿色发展的理念出发，根据实际情况的需要制定土地管理计划。土地管理方式的转变与调整是社会经济发展目标在土地使用中的具体体现。随着经济发展进入新常态，各产业的优化调整对土地的使用与管理提出新要求。乡村振兴战略提出要治理农村耕地和各类用地不合理、不科学的乱象，以大数据为代表的科学技术发展要求转变规划思维模式、建立更加科学合理的管理方式。因此，新一轮的土地管理要敢于打破传统规划思维模式的制约，在传统数据的基础上，借助大数据平台制定更精细、更实时的土地管理办法。

土地资源的合理利用是实施可持续发展战略的出发点和落脚点，人多地少的基本国情要求我国必须走可持续发展的道路。以物联网、云计算和大数据为代表的新一代信息技术的产生和快速发展，正在打破传统的土地管理思维，建立以现代信息技术为基础的土地管理工作范式。[34]

党的十八届三中全会将完善和发展中国特色社会主义制度，推进国家治理体系和治理能力现代化，作为全面深化改革的总目标。土地管理工作事关经济平稳发展和社会稳定大局。近年来，通过信息技术的广泛深入运用，土地管理效能和水平不断提升，为经济持续快速发展和社会稳定做出了重要贡献。随着大数据时代的到来，迫切需要树立大数据思维，创新土地管理方式，提升公共服务水平，在实现国家治理体系和治理能力现代化中发挥重要作用。经过十几年的信息化建设实践，国土资源部门积累了海量的土地数据。尤其是近几年来，由于数字化调查评价监测装备的全面普及和网上运行业务的快速扩展与部署规模的扩大，数据量正在快速增长，并且具有大数据的显著特点：

1. 数据类型多。从技术角度看，有结构化、半结构化和非结构化数据，非结构化数据主要是遥感影像、视频和文本数据。从业务角度看，这些数据涵盖基础地理、遥感影像、土地、基础地质、矿产资源、地质环境和地质灾害、公文、科技成果与外事、综合统计与形势分析、各类研究报告、社会舆情信息等。

2. 数据全覆盖。一是空间实现全覆盖，过去受技术条件限制，土地监测局限在重点城市，目前，对地观测技术和信息网络技术的广泛普及，使土地监测已实现年度全覆盖；二是业务逐步全覆盖，土地数据采集已经接近于全流程覆盖，即从规划计划、审批，到供应和开发利用，并逐步向土地登记延伸；三是逐步实现精细化，基本上达到最小单元，信息指标不断细化，土地监测信息已有 8000 多项指标。

3. 数据增长快。第一，从数据量来说，每年全覆盖的遥感监测是数据量增长的最大来源；第二，土地批、供、用、补、查信息采集与监测系统覆盖面、部署面日益扩展，通过网络化实时信息报送，每年汇集超过百万个项目信息；第三，随着门户网站点击率的提升和搜索功能的推出，将会沉淀大量的社会公众上传的信息；第四，未来物联网在国土资源行业的应用，将自动产生海量监测信息。

目前，土地调查、评价、监测等基础数据和批、供、用、补、查等管理数据，以及土地交易等市场数据在土地管理决策中发挥了重要作用，并向相关部门和社会提供了广泛的信息服务。随着社会经济发展的快速变化，传统规划方法和思维模式已经难以支撑现在的土地利用规划的开展。大数据时代，需要借助云计算等高性能计算环境，它以其海量化、多样化、价值化、快速化的特点开启人的思维和处理事情的新模式，深度挖掘土地数据资源，精确制导，以提高土地管理的精准性、合理性，优化土地的利用结构，改善当前土地无序建设的状态，形成基于数据驱动的土地管理新模式。[35]

3.2 新形势对节地管控的要求

3.2.1 以第三次国土调查为管控底数

第三次土地利用调查通过对土地利用状况和区域变化情况进行全面调查，充分了解土地类型、面积、权属、分布、用途及低效土地利用调查，在此基础上，建立互联互通的国土调查数据库，共享覆盖国家、省、市、县四级，集底图、土地类型、范围、面积、所有权和相关自然资源等内容，数据库可全天候、全覆盖支持遥感监测与快速更新机制。通过数据库了解现有的土地利用问题，总结土地开发和利用方面的经验和教训，并就相关问题有针对性地提出建议，为土地利用规划与管理、科学用地提供良好的依据。

同时，第三次全国国土调查工作的目标任务是在第二次全国土地调查成果和土地变更调查成果基础上，按照统一的技术标准，采用《第三次全国国土调查工作分类》和"互联网+"等新科技手段，实地调查土地的地类、面积和权属，查清用地等地类分布及利用状况；为满足集约、节约评价，分类化管理等需求，对地类进行了细化，同时，增加了低效闲置土地调查内容，细化出了"空闲地"这一地类，为低效用地的判断提供了直接参考，为低效用地的盘活指明了方向，是节地管控的底数及基础，也为节地管控与土地管理提供了重要支撑。

3.2.2 以"多规合一"的国土空间规划为规划审批依据

国土空间规划是政府统筹安排区域空间开发、优化配置国土资源、调控经济社会发展的重要手段。国土空间规划是实现中华民族伟大复兴、五位一体的重要载体。过去不同时期，主体功能区规划、土地利用规划、国土规划、城乡规划在不同时期都发挥过很多积极的作用。这一次强化多规合一以后的统一的国土空间规划是有重要意义的，要从整体进行国土空间开发格局的保护。

国土空间规划为国土的合理利用提供科学依据；协调人地关系，协调各部分用地矛盾，保证国家"一要吃饭、二要建设、三要保护环境"的土地利用基本方针的贯彻；加强对土地利用的管理，可以有效地促进社会经济发展。

国土空间规划可以有效配置公共资源，促进经济社会可持续发展；可以约束市场主体的空间开发活动，有效避免区域空间的无序开发、错误开发和低水平开发；可以规范政府行为，成为政府履行职责的重要依据，促进科学行政、民主行政和依法行政，"多规合一"的国土空间规划是新时代规划审批依据。

3.2.3 建设用地实施"全过程""全方面"节地管控

"减量化"发展，在建设用地开发利用的"全过程""全方面"实施节地管控，严控增量，盘活存量。现状建设用地减量不仅能促进城乡用地布局的优化和土地使用效率的提升，而且能够减少农村低素质外来人口的集聚，减少社会管理成本，提升生态品质，为郊野地区发展提供内生动力。

在建设用地"减量化"时代背景下，建设用地应实施"全过程""全方面"的节地管控：

1. 建设用地减量优先级设置。主要由建设用地减量化带来的效益、成本控制以及所处的减量区级别等因素带来的综合影响。从效益角度看，建设用地减量产生的潜在经济效益、生态效益越大，减轻污染物排放量和资源消耗量越大，其减量化的优先级越高；从成本角度看，建设用地减量成本越低、难度越小，其减量化的优先级越高；从所处减量区级别来看，减量区级别越高，其减量化的优先级越高。此外，建设用地减量化带来的效益与建设用地的类型有着密切关系，以天津工业用地和农村宅基地两类问题最突出的用地类型为例，工业用地减量的效益包括：倒逼产业升级，提升经济质量；减轻环境污染；缓解资源压力；加大生态、农业空间，优化国土空间格局；降低农村拆迁成本；控制建设用地规模。而农村宅基地减量的效益包括：控制建设用地规模；扩大生态和农业空间；减轻环境污染。两类用地带来的减量效益差距较大，所以在同等条件下应优先开展工业用地减量化。在操作层面，建设用地减量化的优先级设置还应与地方政府开展的系列专项行动充分结合，实现效益最大化。例如，目前天津正在开展"散乱污"企业整治、"园区围城"整治、"双城管控"实施、重点生态功能区整治等专项任务，建设用地减量化工作应以上述专项行动为契机，推进相关用地的减量配套政策。

2. 减量化纳入空间规划和空间治理体系。充分发挥规划的统筹优势，使建设用地减量化与国土空间管控等内容整合，落实建设用地减量化的空间引导和实施保障措施，合理安排建设用地减量化工作部署。同时，将建设用地减量化作为空间治理体系的一部分，通过统一的协同平台，协调减量化所涉及部门的职责分工和权利分配，完善建设用地减量化管理体系。

加强建设用地减量化规划引导，明确减量化区域，优化建设用地布局。采取"引逼结合、激励为主"的配套政策促进建设用地减量化实施，包括增减挂钩政策叠加关于优化空间资源、集约用地布局的空间政策、提高带动地块开发强度、为减量化集体经济组织建立"造血机制"或提供长远收益保障、减量化工作与出让计划和新增计划管理联动等政策措施。[33]

3. 建立减量化多部门联动工作机制。按照政府主导、合力攻坚、统筹兼顾的原则，目前建立形成以自然资源管理部门为主导、多部门协同参与的建设用地减量化工作机制。自然资源管理部门在制定建设用地减量实施计划时，结合与建设用地减量相关的专项行动需求，为专项行动提供土地政策支持；明确参与部门各自职责分工，从产业发展、环境保护、生态修复、财政等方面给予建设用地减量化工作引导与政策支持，形成部门联动、统筹兼顾的良好工作局面。

4. 建立减量化培训考核激励机制。主要体现在两个方面：一是加强培训，二是建立健全考核表彰机制。加强培训，应坚持"集中培训"和"实地培训"相结合。举办减量化政策培训解读班，坚持深入基层，就具体问题加强现场培训指导，确保工作有力有效推进。建立健全考核表彰机制，中央和地方政府应对减量化实施区域给予必要的政策支持，在政绩考核中适当降低经济指标的考核比重，增加建设用地减量化相关绩效考核，建立相应的考核办法，进一步提升领导班子对减量化工作的重视程度和推进力度，完善减量化工作推进进度与完成情况的考核评价。

5. 严格减量化项目监管。为保证减量化地块复垦到位，可通过三点进行监管，一是建立减量化地块档案制度，二是建立项目全程跟踪监管制度，三是建立检查抽查制度。建立减量化地块档案制度，要求项目实施全程档案资料的收集整理，包括实施前土地、房屋、其他建筑物等面积和权属情况，以及企业经营、税收、用工、能耗、污染等情况；实施中与企业签约、补偿资料，以及地块拆除、复垦等工程资料；实施后的现状测绘、验收等资料。建立项目全程跟踪监管制度，将项目实施细分为立项、签约、拆除、复垦、验收五个阶段，实行周报制度，定期统计并通报各区县项目进展情况，对进展较慢的区县及时督促指导。建立检查抽查制度，借助网上审批监管、航拍影像资料比对等方法，对各区县项目情况进行核查，并对项目现场进行实地抽查，及时发现问题，及时督促整改，确保项目真实性。

3.2.4 基于大数据实现智能化管理

目前，国家标准和地方标准对于建设项目用地标准的要求和把控日趋严格，但现实节地管控工作较为基础，缺乏大数据积累和信息化，没有实现业务全覆盖，导致工程项目设计、建设项目用地准入、土地供应、供后监管、土地开发利用等业务管控体系力度不够，严重制约高效、智能化国土信息建设和建设用地的节约集约利用。因此，土地管理对大数据支撑需求日益迫切，研发建设项目用地控制指标数据整合技术、开发建设项目用地控制指标数据库系统并将其推广应用，对建设用地节约集约利用和智能高效管控具有重要意义。

1. 深度挖掘土地数据，提升预警和科学决策水平。大数据时代管理决策要靠数据"说话"，需要我们对原始数据进行有效组织和深度挖掘，研制针对土地海量数据的数据挖掘算法，对各类数据进行关联分析，以可视化方式展现。土地市场预警和土地利用节约集约评价是大数据发挥作用的重要领域，通过综合分析土地交易与土地批、供、用、补、查数据，以及经济发展数据，建立预测模型和评价指标，科学研判土地市场运行状况，对土地节约集约利用潜力进行量化评估。

2. 深化信息共享，创新服务方式。土地管理不仅涉及各级联动，而且与社会公众和相关部门密切关联，通过系统内和部门间信息共享，有助于促进管理和服务方式转变。一是土地调查和批、供、用、补、查等"一张图"与综合监管平台信息在国土资源系统内充分共享，实现一数一源和一次采集、多方使用，避免地方重复报送数据；二是与公安、金融、工商、环保等部门实现信息共享，减少企业和社会公众在用地报批和土地登记中填报信息的工作量，简化程序；三是主动向其他部门提供信息，促进业务联动。

3. 适时开放数据资源，促进土地数据应用创新。土地数据作为基础性数据，不仅在各行业、各部门和社会公众中有广泛的需求，而且以其为本底，叠加和综合其他数据，具有极大的数据增值服务潜力。以信息安全为前提，开放门户网站土地数据，建立以 RS、GIS、自媒体、物联网、云计算、云储存等技术手段为支撑的土地利用大数据平台，创新土地利用和管理信息系统平台，提高规划的效率。首先，整理和归类前三轮土地规划和其他专项土地利用、整治的历史数据，建立基本的土地利用管理系统；其次，借助 RS、GIS、云计算、物联网等空间服务的方式，实时更新土地数据，并实现数据共享；最后，通过网上申报与审核系统，对现有的土地数据更新，使数据更加规范、可靠、精准和安全。以大数据技术为平台，丰富土地资源数据和研究方法及手段，为新时期土地的利用和管理提供更加精准的数据和研究方法。[35]

4. 提高土地利用优化配置分析和解决问题的能力。当前，农业农村面临着耕地减少，生态退化，不科学、不合理用地的发展瓶颈；城市面临人口膨胀、交通拥堵、资源紧缺、事故频发等"城市病"，传统的土地利用管理思维难以维持社会经济的高速发展，现有规划与经济发展的矛盾也日益突出。新一轮科学技术正在改变原有的思维利用模式，促进土地资源利用实现最大化。在土地管理中引入大数据、物联网等高新技术，将进一步改变土地利用规划的时空标准化尺度，拓宽优化数据的收集途径，实现海量数据的储存和分析利用，实现数字化的决策支持和辅助。通过大数据等技术的运用，提高完善土地配置分析和解决问题的能力。在数据收集、分析运用的基础上，开展相应的土地利用评价及优化分析；搭建数据云平台，构建建模统筹城乡用地，预防和规避管理实施带来的消极影响。[34]

4 节地管控指标体系整合技术研发

建设用地节地管控指标分为建设用地节约控制指标体系和建设用地集约利用评价指标体系，建设用地节约控制是针对建设项目在用地的过程中要科学合理利用而制定的具体的规范、技术指标等；建设用地集约利用是参考建设用地的资金、技术等要素的投入，提高单位建设用地的产出比，是建设用地集聚效应的体现。两者在具体实施过程中存在本质的区别，节约控制是相对浪费而言，目标是通过减量化的土地资源投入而获取更多的经济、社会效益，提高土地的产出率；而集约利用体现的是资本集中、劳动力集中，实现单位土地产出的最大化。因此，将节地管制指标体系整合分为建设用地节约控制指标体系整合研究和建设用地集约利用评价体系建设研究两部分。

4.1 建设用地节约控制指标体系整合研究

建设用地控制指标体系的整合是建设项目节约集约用地标准的首要和关键环节，关系到是否能合理科学地对建设项目节约集约用地水平进行控制。本书以科学发展观为指导，以建设项目节地管控为目标，根据各类建设项目的用地特点，研发整合节地管控指标，不断完善土地使用标准体系。

4.1.1 控制指标体系现状分析

建设用地控制指标是政府对建设用地进行调控的主要手段，同时也是建设用地供应和调控的参考依据。国家在 2012 年编制了《土地使用标准汇编》（上下），规范了各类建设用地的使用标准。为了响应国家节约集约用地的号召，在国家颁布建设项目用地控制指标之后，各省市以此为基础，并结合本地实际，纷纷制定了各地方的建设用地使用标准。本书在国家标准和天津市地方标准的基础上选取几个具有代表性省市的地方标准进行分析。

本书参照《国民经济行业分类》（GB/T4754-2002）和《划拨用地目录》分类系统，以《节约集约利用土地规定》中提到工程建设项目用地控制指标和工业项目建设用地控制指标为依据，对建设项目进行归纳，将建设项目分为工业项目和工程项目两种类型。其中，将基础设施类项目、公共服务类项目、特殊用地以及其他类建设项目定义为工程项目。

1. 国家标准

（1）工业项目

2008 年原国土资源部为加强工业项目建设用地管理，促进节约集约用地，发布了《工业项目建设用地控制指标》（国土资发〔2008〕24号），本控制指标由投资强度、容积率、建筑系数、行政办公及生活服务设施用地所占比重、绿地率五项指标构成。国家版控制指标将全国土地按投资强度差异由高到低划分为十五个等级，根据《国民经济行业分类》（GB/T4754-2002）分为13-43共30大类（缺少38行业代码）。其中容积率采取下限控制，最低下限为0.5，最高为1.0；建筑系数不低于30%；行政办公及生活服务设施用地面积不得超过工业项目总面积的7%；绿地率不超过20%。具体情况如表4-1所示。

表4-1　《工业项目建设用地控制指标》行业分类

代码	名称	代码	名称
13	农副食品加工业	28	化学纤维制造业
14	食品制造业	29	橡胶制品业
15	饮料制造业	30	塑料制品业
16	烟草加工业	31	非金属矿物制品业
17	纺织业	32	黑色金属冶炼及压延加工业
18	纺织服装鞋帽制造业	33	有色金属冶炼及压延加工业
19	皮革、皮毛、羽绒及其制品业	34	金属制品业
20	木材加工及竹、藤、棕、草制品业	35	通用设备制造业
21	家具制造业	36	专用设备制造业
22	造纸及纸制品业	37	交通运输设备制造业
23	印刷业、记录媒介的复制	39	电气机械及器材制造业
24	文教体育用品制造业	40	通信设备、计算机及其他电子设备制造业
25	石油加工、炼焦及核燃料加工业	41	仪器仪表及文化、办公用机械制造业
26	化学原料及化学制品制造业	42	工艺品及其他制造业
27	医药制造业	43	废弃资源核废旧材料回收加工业

（2）工程项目

在国家层面，原国土资源部土地利用管理司和原国土资源部土地整理中心编制《土地使用标准汇编》（2012年），建立了"横向到边、竖向到底"的指标覆盖，完善各类工程项目用地定额。《土地使用标准汇编》（2012年）涵盖了22个大项工程项目，明确了公路、铁路、民用航空运输机场、电力、煤炭、石油和天然气工程项目建设用地等控制指标，严格控制工程建设项目用地总面积或各个功能分区用地面积的用地指标上限。强调了土地使用标准的审查内容和使用环节，进一步加强土地使用标准执行的监管和评价。具体情况如表4-2所示。

表4-2　国家标准工程项目行业分类

序号	工程项目	工程项目细分	控制指标
1	电力工程项目	火力发电厂	用地规模指标
		核电站	用地规模指标
		变电站和换流站	用地规模指标
		风电场	单位用地指标、用地规模指标
2	石油天然气项目	油田工程项目	道路宽度、用地规模指标
		气田工程项目	道路宽度、用地规模指标
		长距离输油气管道	用地规模指标

序号	工程项目	工程项目细分	控制指标
3	煤炭工程项目	矿井	用地规模指标、单位用地指标
		选煤厂和筛选厂	建筑系数、用地规模指标、单位用地指标
		标准轨距铁路装（卸）车站	用地规模指标
		矿区辅助设施	用地规模指标
4	新建铁路工程项目	新建客货共线铁路	宽度、用地规模指标
		新建客运专线铁路	宽度、用地规模指标
5	公路工程项目	路基工程	宽度、用地规模指标
		桥梁工程	用地规模指标
		隧道工程	用地规模指标
		交叉工程	用地规模指标
		沿线设施	用地规模指标
6	民用航空运输机场工程项目	飞行区	用地规模指标、间距
		通信导航设施	用地规模指标
		航站区、货运区、机务维修区	用地规模指标
		供油设施	用地规模指标
		场外道路、管线及其他设施	
7	公共图书馆	—	容积率、建筑密度、用地规模指标
8	文化馆	—	容积率、建筑密度、用地规模指标、室外活动场地面积
9	体育训练基地	—	用地规模指标
10	城市社区体育设施	篮球、排球、足球、门球	长度、宽度、缓冲距离、场地面积
		网球、乒乓球、羽毛球	长度、宽度、边线缓冲距离、端线缓冲距离、场地面积
		游泳	长度、宽度、池侧缓冲距离、池端缓冲距离、更衣室面积、设备用房面积、场地面积
		轮滑、滑冰	长度、宽度、护栏缓冲距离、场地面积
		武术、体育舞蹈、体操、儿童游戏	场地面积
		长走（散步、健步走）、跑步	场地面积
		棋牌、台球、器械健身	场地面积
		配套设施	用地规模指标
11	城市生活垃圾处理和给水与污水处理工程项目	城市生活垃圾处理工程项目	用地规模指标、绿地率、行政办公和生活服务设施用地占比
		城市给水工程项目	用地规模指标、行政办公和生活服务设施用地占比
		城市污水处理工程项目	用地规模指标、行政办公和生活服务设施用地占比
12	城市普通中小学校舍	—	生均用地
13	石油储备库	—	用地规模指标

续表

序号	工程项目	工程项目细分	控制指标
14	监狱	—	单位用地指标
15	拘留所	—	单位用地指标、容积率
16	看守所	—	单位用地指标
17	强制戒毒所	—	单位用地指标
18	综合医院	—	单位用地指标
19	中医医院	—	单位用地指标
20	粮食仓库	—	用地规模指标
21	海港通用码头	—	用地规模指标
22	河港通用码头	—	用地规模指标

2. 天津市标准

2015 年天津市编制了《天津市建设项目用地控制指标》（DB12/T 598-2015），该标准分为 18 个部分。其中第一部分为工业项目用地控制指标，将行业分为 13-43 共 31 大类，相对国家标准对工业行业的划分更加细化和精确化。用地控制指标沿袭国家标准，由投资强度、容积率、建筑系数、行政办公及生活服务设施用地所占比重、绿地率等五项指标构成。其中容积率采取下限控制，最低下限为 0.5，最高为 1.0；建筑系数采取下限控制，最低下限不低于 33%，最高为 36%；行政办公及生活服务设施用地面积不得超过工业项目总面积的 7%；绿地率不超过 20%。具体情况如表 4-3 所示。

表 4-3　天津市工业项目行业分类

代码	名称	代码	名称
13	农副食品加工业	29	橡胶和塑料制造业
14	食品制造业	30	非金属矿物制品业
15	酒、饮料和精制茶制造	31	黑色金属冶炼及压延加工业
16	烟草制品业	32	有色金属冶炼及压延加工业
17	纺织业	33	金属制品业
18	纺织服装、服饰业	34	通用设备制造业
19	皮革、皮毛、羽毛及其制品和制鞋业	35	专用设备制造业
20	木材加工和木、竹、藤、棕、草制品业	36	汽车制造业
21	家具制造业	37	铁路、船舶、航空航天和其他运输设备制造业
22	造纸和纸制品业	38	电气机械和器材制造业
23	印刷业和记录媒介复制业	39	计算机、通信和其他电子设备制造业
24	文教、工美、体育和娱乐用品制造业	40	仪器仪表制造业
25	石油加工、炼焦及核燃料加工业	41	其他制造业
26	化学原料及化学制品制造业	42	废弃资源综合利用业
27	医药制造业	43	金属制品、机械和设备修理业
28	化学纤维制造业		

第 2 至第 18 部分共 17 部分为工程项目，其中包括教育、卫生、市政基础设施等工程项

目建设用地等控制指标。天津市地方标准较国家标准存在部分行业缺失的情况（如海港通用码头），又结合本地实际情况细化部分行业（如卫生系统项目），形成了具有天津特色的建设项目用地控制指标。具体情况如表4-4所示。

表4-4　天津地方标准工程项目行业分类

序号	工程项目	工程项目细分	控制指标
1	教育系统项目	学前教育	生均用地指标
		城市普通中小学校舍	生均用地指标
		中等职业教育	生均用地指标
		高等教育	生均用地指标
		特殊教育	生均用地指标
2	卫生系统项目	医院	单位用地指标
		社区医疗与卫生院	用地规模指标
		妇幼保健院	单位用地指标
		疾病预防控制中心	单位用地指标
		其他卫生项目	单位用地指标
3	仓储项目	普通仓储	单位用地指标
		特种仓储	单位用地指标
		堆场	单位用地指标
4	市政基础设施项目	供水工程项目	单位用地指标
		排水工程项目	单位用地指标
		燃气供应项目	单位用地指标
		供热工程项目	用地规模和单位用地指标
		通信工程项目	用地规模指标
		公共交通项目	单位用地指标
		城市生活垃圾处理工程项目	单位用地指标或用地规模指标
		市政道路项目	红线宽度、用地规模指标
		公共绿地项目	用地规模指标
		消防设施项目	用地规模指标
5	非营利性邮政设施项目	邮政局	用地规模指标
		邮政所	用地规模指标
		邮件处理场地	用地规模指标
		物流配送中心	单位用地指标
6	公益性科研机构项目	—	单位用地指标
7	非营利性体育设施项目	体育训练场	用地规模指标
		城市社区体育项目	用地规模指标
8	非营利性公共文化设施项目	图书馆项目	用地规模指标
		博物馆项目	用地规模指标
		文化馆项目	用地规模指标和室外活动场地
		青少年文化设施	用地规模指标

序号	工程项目	工程项目细分	控制指标
9	非营利性社会福利设施项目	老年人社会福利设施	单位用地指标和用地规模指标
		残疾人社会福利设施	单位用地指标
		儿童社会福利设施	单位用地指标和用地规模指标
10	电力工程项目	燃煤发电厂	用地规模指标和单位装机容量用地指标
		燃气—蒸汽联合循环发电厂	用地规模指标和单位装机容量用地指标
		整体煤气化联合循环（IGCC）发电厂	用地规模指标和单位装机容量用地指标
		变电站和换流站	用地规模指标
		风电场	用地规模指标
11	水利设施项目	水库枢纽项目	单位长度用地指标
		堤防项目	单位长度用地指标
		水闸项目	单位宽度用地指标
		泵站项目	单位机组台数用地指标
12	新建铁路工程项目	新建客货共线铁路	单位长度用地指标、用地规模指标
		新建客运专线铁路	单位长度用地指标、单位用地指标、用地规模指标
13	公路项目	—	路基宽度和单位长度用地指标
14	民用航空运输机场项目	—	用地规模指标
15	特殊用地项目	监狱项目	单位用地指标
		拘留所项目	单位用地指标
		看守所项目	单位用地指标
		强制隔离戒毒所项目	单位用地指标
		戒毒康复所项目	单位用地指标
16	墓葬项目	公益性公墓	单位用地指标和用地规模指标
		公益性骨灰堂	单位用地指标
17	河港码头工程	—	单位用地指标

3. 其他省市标准

中国省市较多，地方标准也较多，根据中国经济区域划分，采用选取地区代表的方法进行现状分析，其中东部地区省市较多，地区经济发展存在较大差异，选取两个代表分别为江苏省和山东省；中部地区选取湖南省；西部地区选取宁夏回族自治区。

（1）江苏省

江苏省是全国率先研究建设用地指标体系的省市，自 2003 年开始，先后制定并发布实施了四版建设用地控制指标（试行版、2006 年版、2010 年版和 2014 年版），2018 年制定并实施了《江苏省建设用地指标》（2018 年版），共涵盖 7 大类，共计 66 个行业指标。其中工业项目 34 个、基础设施项目 9 个、公共设施建设用地 6 个、公共建筑项目 10 个、特殊用地项目 5 个、其他项目 2 个。

工业用地项目建设用地指标分为煤炭项目建设用地指标、石油天然气项目建设用地指标、非金属矿采选项目建设用地指标以及行业代码 13-43 共 31 个大类的建设用地指标。行业代码 13-43 的建设用地控制指标由地均固定投资强度、容积率、建筑系数、行政办公及生活服务设施用地所占比例、绿地率、地均税收等 6 项指标构成，较国家标准增加了地均税收控制指标，且指标控制较为严格，其中容积率采取下限控制，最低下限为 0.6，最高为 1.6；建筑系数采用下限控制，最低下限为 38%，最高为 50%；行政办公及生活服务设施用地面积不得超过工业项目总面积的 7%；绿地率采用上限控制，最低上限为 12%，最高为 15%；地均税收，根据行业不同地均税收也有所不同，但均采用下限控制，最低为 36 万元/公顷，最高为 3450 万元/公顷。具体情况如表 4-5、表 4-6 所示。

表 4-5　江苏省工业项目行业分类一

序号	工业项目	工业项目细分	控制指标
1	煤炭工程项目	矿井	用地面积、单位用地指标
		选煤厂和筛选厂	用地面积、单位用地指标
		标准轨距铁路装（卸）车站	用地面积
		矿区辅助设施	用地面积、单位用地指标
2	石油天然气工程项目	油田工程	用地面积
		气田工程	用地面积
		长距离输油气管道	用地面积
3	非金属矿采选项目	—	单位用地指标

表 4-6　江苏省工业项目行业分类二

代码	名称	代码	名称
13	农副食品加工业	29	橡胶和塑料制造业
14	食品制造业	30	非金属矿物制品业
15	酒、饮料和精制茶制造业	31	黑色金属冶炼及压延加工业
16	烟草制品业	32	有色金属冶炼及压延加工业
17	纺织业	33	金属制品业
18	纺织服装、服饰业	34	通用设备制造业
19	皮革、皮毛、羽毛及其制品和制鞋业	35	专用设备制造业
20	木材加工和木、竹、藤、棕、草制品业	36	汽车制造业
21	家具制造业	37	铁路、船舶、航空航天和其他运输设备制造业
22	造纸和纸制品业	38	电气机械和器材制造业
23	印刷和记录媒介复制业	39	计算机、通信和其他电子设备制造业
24	文教、工美、体育和娱乐用品制造业	40	仪器仪表制造业
25	石油、煤炭及其他燃料加工业	41	其他制造业
26	化学原料和化学制品制造业	42	废弃资源综合利用业
27	医药制造业	43	金属制品、机械和设备修理业
28	化学纤维制造业		

《江苏省建设用地指标》（2018 年版）涵盖了 30 个工程项目行业指标，包括基础设施项目、公共设施项目、公共建筑项目、特殊用地项目和其他项目五种类型。江苏省地方标准相对国家而言行业分类较细、种类较多，具有一定的指导作用。具体情况如表 4-7 所示。

表 4-7　江苏省地方标准工程项目行业分类

序号	工程项目	工程项目细分	控制指标
1	电力工程项目	火力发电厂	用地面积、单位用地指标
		核电厂	用地面积、单位用地指标
		变电站（换电站）	用地面积
		风电场	单位用地指标、用地面积
2	光伏发电站工程项目	光伏发电站	用地面积
		光伏方阵	单位用地指标
		变电站及运行管理中心	用地面积
		集成线路	单位用地指标
3	铁路工程项目	新建客货共线铁路	单位用地指标、宽度、用地面积
		新建客运专线铁路	单位用地指标、宽度、用地面积
4	公路项目	路基	单位用地指标、宽度
		桥梁	单位用地指标
		隧道	单位用地指标
		交叉工程	单位用地指标
		沿路设施	单位用地指标
		快速公交系统	单位用地指标
5	航道项目	航道主体工程	单位用地指标
		船闸工程	单位用地指标
		航道锚地	单位用地指标
		服务区	单位用地指标
6	港口	—	单位用地指标
7	民用航空工程项目	飞行区	用地面积
		通信导航设施	用地面积
		航站综合区	用地面积
		货运区	用地面积
		机场维修区	用地面积
		供油	用地面积
8	管道项目	—	用地面积
9	邮政业	—	用地面积、建筑系数、行政办公及生活服务设施用地比例
10	通信工程	长途电信局	用地面积
		市内电信局	用地面积
		微波通信站	用地面积
		卫星通信站	用地面积
		移动通信局	用地面积
		短波通信收发信电台	用地面积
		通信工程安全保护用地	单位用地指标

续表

序号	工程项目	工程项目细分	控制指标
11	公用、环卫项目	城市环境卫生	单位用地指标
		水污染治理	单位用地指标
		市政公共设施	单位用地指标
12	水环境自动监测站	—	用地面积
13	消防项目	—	用地面积、容积率
14	公共停车场	—	单位用地指标
15	科研机构	—	单位用地指标、容积率
16	教育系统	学前教育	生均用地、绿地率、容积率
		初等教育	生均用地、绿地率、容积率
		中等教育	生均用地、绿地率、容积率
		高等教育	生均用地、建筑系数
		特殊教育	生均用地
		机动车驾驶员培训教练场	用地面积
		公安机关业务技术用房	用地面积
17	卫生系统	医院	容积率、单位用地指标
		基层医疗卫生服务	容积率、单位用地指标
		专业公共卫生服务	容积率、单位用地指标
		其他卫生活动	容积率、单位用地指标
18	社会保障、社会福利业	社会保障业	容积率、单位用地指标
		社会福利业	单位用地指标
19	广播、电视业	广播	单位用地指标
		电视	单位用地指标
		发射台	单位用地指标
20	文化艺术业	艺术表演场馆	用地面积
		图书馆与档案馆	用地面积
21	体育项目	体育场馆	用地面积、单位用地指标、绿地率
		其他项目训练场馆	用地面积
22	城市社区体育设施	—	长度、宽度、用地面积
23	城市公共体育场馆	—	用地面积
24	公共管理和社会组织系统	—	单位用地指标
25	监狱项目	—	单位用地指标、容积率、绿地率
26	墓葬项目	—	单位用地指标
27	看守所项目	—	单位用地指标、容积率、建筑系数
28	拘留所项目	—	单位用地指标、容积率
29	强制隔离戒毒所	—	单位用地指标、容积率、建筑密度、绿地率
30	仓储、配送行业	—	单位用地指标、容积率、建筑系数

（2）山东省

2005 年，山东省制定实施了《山东省建设用地集约利用控制标准》（2005 年版）。随着产业发展呈现新的阶段特征，产业升级提速、城乡区域一体、陆海统筹联动、生产力多层次，产业发展新模式不断涌现，2005 年版已经不能完全适应土地管理工作需要。根据新的要求，2019 年制定实施了《山东省建设用地控制标准（2019 版）》，2019 年版建设用地指标规定了工业项目、基础设施项目、公共服务设施项目等具体建设项目用地指标。

工业用地项目建设用地指标分为煤炭开采和洗选业建设用地指标、油田项目建设用地指标、采矿业建设用地指标以及行业代码 13-42 共 30 个大类的建设用地指标，用地指标包括控制性指标和定额指标。控制性指标区分行业和地区，针对行业代码为 13-42 的 30 个工业项目行业，规定了投资强度、容积率、亩均产值、亩均税收、建筑系数、行政办公及生活服务设施用地所占比例、绿地率 7 项指标，较国家标准增加了亩均产值、亩均税收两项控制性指标，且指标控制较为严格，其中容积率采取下限控制，最低下限为 0.5，最高为 1.2；建筑系数不低于 40%；行政办公及生活服务设施用地面积不得超过工业项目总面积的 7%；绿地率不超过 15%。定额指标针对煤炭开采和洗选业、油田项目、采矿业三种行业，定额指标根据项目类型和生产规模规定了项目具体用地规模。具体情况如表 4-8、表 4-9 所示。

表 4-8　山东省工业项目行业分类一

序号	工业项目	工业项目细分	控制指标
1	煤炭开采和洗选业项目	矿井	单位用地指标
		筛选厂	单位用地指标
2	油田项目	—	用地面积
3	采矿业	—	单位用地指标

表 4-9　山东省工业项目行业分类二

代码	名称	代码	名称
13	农副食品加工业	28	化学纤维制造业
14	食品制造业	29	橡胶和塑料制造业
15	酒、饮料和精制茶制造	30	非金属矿物制品业
16	烟草制品业	31	黑色金属冶炼及压延加工业
17	纺织业	32	有色金属冶炼及压延加工业
18	纺织服装、服饰业	33	金属制品业
19	皮革、皮毛、羽毛及其制品和制鞋业	34	通用设备制造业
20	木材加工和木、竹、藤、棕、草制品业	35	专用设备制造业
21	家具制造业	36	汽车制造业
22	造纸和纸制品业	37	铁路、船舶、航空航天和其他运输设备制造业
23	印刷业和记录媒介复制业	38	电气机械和器材制造业
24	文教、工美、体育和娱乐用品制造业	39	计算机、通信和其他电子设备制造业
25	石油加工、煤炭及其他燃料加工业	40	仪器仪表制造业
26	化学原料及化学制品制造业	41	其他制造业
27	医药制造业	42	废弃资源综合利用业

山东省工程项目用地标准包括基础设施项目用地标准和公共服务设施项目用地标准，山东省分为 34 个大类，行业分类较散，未完全进行归纳，导致标准较乱，但控制标准较为严格。

具体情况如表 4-10 所示。

表 4-10 山东省地方标准工程项目行业分类

序号	工程项目	工程项目细分	控制指标
1	电力工程项目	火力发电厂项目	用地规模指标和单位装机容量用地
		核电厂项目	用地规模指标和单位装机容量用地
		风电场项目	用地规模指标
		变电站项目	用地规模指标
		换流站项目	用地规模指标
2	铁路工程项目	新建客货共线铁路	单位长度用地指标、用地规模指标
		新建客运专线	单位长度用地指标、用地规模指标
		动车段及动车运用所	用地规模指标
3	公路项目	公路项目	单位长度用地指标、用地规模
		公路沿线设施	用地规模
		汽车客运站	用地规模
4	港口	—	单位用地指标
5	民用航空工程项目	—	用地规模指标
6	城市道路	—	单位用地指标
7	城市公共交通工程项目	公交车	用地规模指标、单位用地指标
		出租车	单位用地指标
		轨道交通	用地规模、宽度指标
8	邮政业	—	用地规模指标
9	通信工程	长途电信局	用地规模指标
		市内电信局	用地规模指标
		微波电信局	用地规模指标
		卫星通信站	用地规模指标
		移动通信局	用地规模指标
10	给水工程项目	水厂	用地规模指标
		泵站	用地规模指标
11	污水处理工程项目	污水处理厂	用地规模指标
		泵站	用地规模指标
12	石油工程项目	石油储备库	用地规模指标
		原油管道站场	用地规模指标
		成品油管道站场	用地规模指标
13	燃气工程项目	天然气管道站场	用地规模指标
		城市燃气设施	用地规模指标
14	供热工程项目	—	用地规模指标
15	城市垃圾处理工程项目	生活垃圾卫生填埋项目	用地规模指标
		生活垃圾焚烧处理项目	用地规模指标
		生活垃圾堆肥项目	用地规模指标
		生活垃圾转运站	用地规模指标

序号	工程项目	工程项目细分	控制指标
16	消防设施	—	用地规模指标
17	仓库设施	通用仓储用地	用地规模、容积率和建筑系数
		保温仓储用地	用地规模、容积率和建筑系数
		堆场用地	用地规模和容积率
18	粮库设施	—	单位用地指标
19	物流园	—	投资强度、物流强度和用地规模
20	党政机关		单位用地指标/容积率
21	广播、电视业项目		单位用地指标
22	教育系统	学前教育	生均用地、容积率、绿地率
		初等、中等教育	生均用地、容积率、绿地率
		中等职业教育	生均用地、容积率
		高等教育	生均用地、容积率、绿地率、建筑密度
		特殊学校	人均用地、容积率、绿地
23	科研机构	—	容积率、绿地率、单位用地指标
24	卫生计生系统	综合医院/中医院	单位用地指标、容积率
		精神病医院	单位用地指标、容积率
		传染病医院	单位用地指标、容积率
		专科医院	容积率
		疗养院	用地规模指标
		卫生院	单位用地指标、容积率
		社区卫生服务中心	用地规模指标、容积率
		社区卫生服务站	用地规模指标、容积率
		妇幼保健院	单位用地指标、容积率
		疾病预防控制中心	单位用地指标、容积率
		卫生监督所	单位用地指标、容积率
		急救中心	用地规模指标、容积率
		其他卫生医疗机构	单位用地指标、容积率
25	文化艺术业	图书馆	容积率、建筑密度、用地规模
		文化馆	容积率、建筑密度、用地规模
		乡镇综合文化站	容积率、建筑密度、用地规模
		展览类设施	容积率、建筑密度、用地规模
		群众文化生活	容积率、用地规模
26	体育设施	—	用地规模
27	老年人设施	养老院	单位用地面积、容积率、建筑密度
		老年公寓	单位用地面积、容积率、建筑密度
		社区日间照料中心	用地面积、容积率、建筑密度
		老年住宅	单位用地面积、容积率、建筑密度
28	未成年福利设施	—	单位建筑面积、室外活动场地面积、容积率、建筑密度

序号	工程项目	工程项目细分	控制指标
29	监狱项目	—	容积率、建筑密度、单位用地指标
30	看守所项目	—	容积率、建筑密度、单位用地指标
31	拘留所项目	—	单位用地指标、容积率
32	强制戒毒所项目	—	容积率、建筑密度、单位用地指标
33	收容教育所	—	容积率、建筑密度、单位用地指标
34	殡葬设施	—	用地规模

（3）湖南省

湖南省健全完善的用地指标体系较晚，2019年上半年制定实施了《湖南省建设用地定额标准（试行）》2019年版，2020年在2019年试行版的基础上全面修订编制完成《湖南省建设用地指标》（2020年版），2020年版对湖南省的工业项目、基础设施项目、公共设施项目、公用建设项目、特殊用地项目和其他用地项目明确了建设用地控制标准。

工业用地项目建设用地指标分为煤炭项目建设用地指标、非金属矿采选项目建设用地指标以及行业代码13-43共31个大类的建设用地指标。行业代码13-43的建设项目用地控制指标由投资强度、容积率、建筑系数、行政办公及生活服务设施用地所占比例、绿地率、地均税收等6项指标构成，较国家标准增加了地均税收控制指标，且指标控制较为严格，其中容积率采取下限控制，最低下限为0.6，最高为1.6；建筑系数采用下限控制，最低下限为38%，最高为50%；行政办公及生活服务设施用地面积不得超过工业项目总面积的7%；绿地率采用上限控制，最低上限为12%，最高为15%；地均税收，根据行业不同地均税收也有所不同，但均采用下限控制，最低为36万元/公顷，最高为3450万元/公顷。具体情况如表4-11、表4-12所示。

表4-11　湖南省工业项目行业分类一

序号	工业项目	工业项目细分	控制指标
1	煤炭项目	矿井	用地面积、单位用地指标
		选煤厂和筛选厂	用地面积、单位用地指标
		标准轨距铁路装（卸）车站	用地面积
		矿区辅助设施	用地面积、单位用地指标
2	非金属矿采选项目	—	单位用地指标

表4-12　湖南省工业项目行业分类二

代码	名称	代码	名称
13	农副食品加工业	29	橡胶和塑料制造业
14	食品制造业	30	非金属矿物制品业
15	酒、饮料和精制茶制造业	31	黑色金属冶炼及压延加工业
16	烟草制品业	32	有色金属冶炼及压延加工业
17	纺织业	33	金属制品业
18	纺织服装、服饰业	34	通用设备制造业
19	皮革、皮毛、羽毛及其制品和制鞋业	35	专用设备制造业
20	木材加工和木、竹、藤、棕、草制品业	36	汽车制造业

代码	名称	代码	名称
21	家具制造业	37	铁路、船舶、航空航天和其他运输设备制造业
22	造纸和纸制品业	38	电气机械和器材制造业
23	印刷和记录媒介复制业	39	计算机、通信和其他电子设备制造业
24	文教、工美、体育和娱乐用品制造业	40	仪器仪表制造业
25	石油、煤炭及其他燃料加工业	41	其他制造业
26	化学原料和化学制品制造业	42	废弃资源综合利用业
27	医药制造业	43	金属制品、机械和设备修理业
28	化学纤维制造业		

湖南省工程项目建设用地标准包括基础设施项目、公共设施项目、公用建设项目、特殊用地项目和其他用地项目，明确了建设用地标准，分为42个大类，行业分类较细，但归纳总结性不强，存在行业大类和行业中类为同一等级情况，控制标准总体上较严格，但和国家标准以及其他省市存在差距，衔接性不强。具体情况如表4-13所示。

表4-13　湖南省地方标准工程项目行业分类

序号	工程项目	工程项目细分	控制指标
1	公路项目	路基	宽度、单位用地指标
		桥梁	用地面积
		隧道	用地面积
		交叉工程	用地面积
		沿线设施	用地面积/单位用地指标
		城市道路	道路宽度
2	城际干道	路基	宽度、
		交叉工程	用地面积
		桥梁	用地面积、宽度
		隧道	宽度、用地面积
		沿线设施	用地面积/单位用地指标
3	铁路工程	新建客货共线铁路	单位用地指标、宽度、用地面积
		新建客运专线铁路	单位用地指标、宽度、用地面积
4	民用航空工程项目	飞行区	用地面积
		通信导航设施	用地面积
		航站综合区	用地面积
		货运区	用地面积
		机场维修区	用地面积
		供油工程	用地面积
5	通用机场项目	飞行区	用地面积
		通信导航设施区	用地面积
		航站综合区	用地面积
		机场维修区	用地面积
		供油工程	用地面积

序号	工程项目	工程项目细分	控制指标
6	航道项目	—	单位用地指标
7	港口	—	单位用地指标
8	水利水电工程项目	水利枢纽	单位用地指标
		新建堤防	单位用地指标
		加固堤防	单位用地指标
		灌溉渠道及排水沟道	单位用地指标
		水闸	单位用地指标
		泵站	单位用地指标
		生产生活区	单位用地指标
9	电力工程	火力发电厂	用地面积、单位用地指标
		核发电厂	用地面积、单位用地指标
		变电站	用地面积
		风电场	用地面积、单位用地指标
10	光伏发电站工程项目	光伏方阵	单位用地面积
		变电站	用地面积
		集电线路	单位用地面积
11	石油储备库	—	用地面积
12	管道项目	—	单位用地面积
13	邮政业	—	建筑系数、行政办公及生活服务设施用地比例、用地面积
14	通信工程	长途电信局	用地面积
		市内电信局	用地面积
		微波通信站	用地面积
		卫星通信站	用地面积
		移动通信局	用地面积
		短波通信收发信电台	用地面积
		通信工程	单位用地面积
15	市政公用、环卫项目	城市环境卫生公共设施及处理设施	单位用地指标
		城市环境卫生项目	用地面积
		水污染治理项目	用地面积
		市政公共设施项目	单位用地指标、用地面积
16	餐厨垃圾处理项目	—	单位用地指标
17	水环境自动监测站	—	用地面积
18	城市消防站	—	容积率、用地面积
19	城市公共交通工程	城市公共停车场	单位用地指标
		汽车客运站	单位用地指标
		公共交通首末站	用地面积
		快速交通系统（BRT）	单位用地指标

序号	工程项目	工程项目细分	控制指标
20	加油站、加气站项目	加油站	单位用地指标、用地面积
		加气站	用地面积
21	养老服务设施	—	绿地率、建筑密度、容积率、单位用地面积
22	小城镇污水处理工程	—	用地面积
23	科研机构	—	单位用地指标、容积率
24	教育系统	学前教育	生均用地、绿地率、容积率
		初等教育	生均用地、绿地率、容积率
		中等教育	生均用地、绿地率、容积率
		高等教育	生均用地、建筑系数
		特殊教育	生均用地
		学前机动车驾驶员培训教练场	用地面积
25	卫生系统	综合医院	单位用地指标、容积率
		中医医院	单位用地指标、容积率
		中西医结合医院	单位用地指标
		专科医院	单位用地指标、容积率
		精神病医院	单位用地指标
		传染病医院	单位用地指标
		疗养院	单位用地指标、容积率
		社区卫生服务中心	单位用地指标、容积率
		乡镇卫生院	单位用地指标、容积率
		疾病预防控制中心	单位用地指标、容积率
		妇幼保健院（所）	单位用地指标、容积率
		急救中心（站）	单位用地指标
		其他医疗卫生机构	单位用地指标
		卫生监督所	单位用地指标
26	社会保障、社会福利业	社会保障业	单位用地指标、容积率
		社会福利业	单位用地指标、容积率
27	儿童福利院	—	单位用地指标、容积率、建筑密度
28	公安机关	公安机关业务技术用房	单位用地指标、容积率
		公安派出所	用地面积
29	广播、电视业	广播	单位用地指标
		电视	单位用地指标
		卫星	单位用地指标
		发射台	单位用地指标
30	文化艺术业	公共图书馆	建筑面积、容积率、建筑密度、用地面积
		文化馆	建筑面积、容积率、建筑密度、用地面积
31	体育项目	城市公共体育场馆	用地面积
		社区体育设施	长度、宽度、用地面积
		体育训练类项目	单位建筑面积/用地面积

序号	工程项目	工程项目细分	控制指标
32	公共管理和社会组织系统	—	单位建筑面积
33	城镇燃气项目	—	用地面积
34	监狱项目	—	单位建筑面积、绿地率、容积率
35	墓葬项目	—	单位建筑面积
36	殡仪馆项目	—	单位建筑面积、绿地率、容积率、建筑系数
37	看守所项目	—	单位建筑面积、容积率、建筑系数
38	拘留所项目	—	容积率、建筑系数
39	强制隔离戒毒所	—	容积率、建筑系数、绿化率、单位用地面积
40	粮库	—	单位用地指标、建筑系数
41	棉麻仓库	—	单位用地指标、建筑系数
42	物流园	—	用地面积、投资强度、设施类型用地比例、有效仓储面积、容积率

（4）宁夏回族自治区

2020 年宁夏回族自治区仅颁布了《宁夏工业项目建设用地控制指标》，尚未颁布其他项目建设用地标准。宁夏的工业项目分为 30 类，较国家标准删减了 4 类行业，分别是烟草制品业、文教工美体育和娱乐用品制造业、其他制造业、废弃资源综合利用业；同时增加 4 个新产业新业态工业项目行业，分别为新一代信息技术产业、新能源产业、新材料产业、先进设备制造业。控制指标遵循国家标准，由投资强度、容积率、绿地率、建筑系数、行政办公及生活服务设施用地所占比例组成。其中传统行业容积率采取下限控制，最低下限为 0.5，最高为 1.0；建筑系数不低于 30%；行政办公及生活服务设施用地面积不得超过工业项目总面积的 7%；绿地率不超过 20%。新产业新业态行业容积率采取下限控制，最低下限为 0.7，最高为 0.9；建筑系数最低下限为 30%，最高为 40%；行政办公及生活服务设施用地面积不得超过工业项目总面积的 7%；绿地率最高上限为 20%，最低上限 15%。具体情况如表 4-14、表4-15 所示。

表 4-14 宁夏工业项目行业分类一

序号	工业项目	工业项目细分	控制指标
1	煤炭项目	矿井	用地面积、单位用地指标
		选煤厂	用地面积、单位用地指标
		筛选厂	用地面积、单位用地指标
		标准轨距铁路装（卸）车站	用地面积
		矿区辅助设施	用地面积、单位用地指标
2	石油和天然气开采业	—	用地面积
3	火力发电站项目	燃烧发电厂厂区	用地面积、单位用地指标
		燃气—蒸汽联合循环发电厂	用地面积、单位用地指标
		整体煤气化联合循环发电厂	用地面积、单位用地指标
		生物质能发电厂	用地面积、单位用地指标
4	光伏发电站项目		用地面积
5	风电项目		用地面积

表 4-15　宁夏工业项目行业分类二

代码	名称	代码	名称
13	农副食品加工业	31	黑色金属冶炼及压延加工业
14	食品制造业	32	有色金属冶炼及压延加工业
15	酒、饮料和精制茶制造	33	金属制品业
17	纺织业	34	通用设备制造业
18	纺织服装、服饰业	35	专用设备制造业
19	皮革、皮毛、羽毛及其制品和制鞋业	36	汽车制造业
20	木材加工和木、竹、藤、棕、草制品业	37	铁路、船舶、航空航天和其他运输设备制造业
21	家具制造业	38	电气机械和器材制造业
22	造纸和纸制品业	39	计算机、通信和其他电子设备制造业
23	印刷业和记录媒介复制业	40	仪器仪表制造业
25	石油加工、炼焦和核燃料加工业		新产业新业态工业项目行业
26	化学原料及化学制品制造业	1	新一代信息技术产业
27	医药制造业	2	新能源产业
28	化学纤维制造业	3	新材料产业
29	橡胶和塑料制造业	4	先进设备制造业
30	非金属矿物制品业		

4. 指标分析结果

通过对国家标准，以及地方标准中的天津、江苏、湖南、宁夏等省市的建设用地指标分析，发现各地方现行的指标体系是在参考国家标准的工业项目建设用地控制指标体系上进行构建的。各地在参照国家标准的同时，又根据各地的经济发展状况进行细化，导致存在各地的行业衔接性差、行业等级不统一、控制指标存在差异、指标值高低不同等问题。

（1）行业衔接性差

① 行业类别不全面。国家标准和所研究省市的地方标准均存在不同行业的缺失现象，导致控制指标的缺失。如工业项目中，大多数地区均为传统行业，缺少新型行业；宁夏增加了新型行业，但是剔除部分传统行业，导致行业严重缺少。

② 行业分类不统一。工业项目中，国家标准、天津地方标准采用二级行业分类；山东、湖南、江苏、宁夏等地方标准采用四级行业类别。工程项目中，国家标准和所研究各省市间行业差异较大，衔接性不强，有待整理行业分类，形成统一行业体系。

（2）控制指标存在差异

目前国家标准和所研究省市的地方标准对于同一行业控制指标存在差异。工业项目中，国家标准、天津地方标准、宁夏地方标准控制指标由投资强度、容积率、绿地率、建筑系数、行政办公及生活服务设施用地所占比例等五项指标构成；山东省地方标准控制指标由投资强度、容积率、建筑系数、行政办公及生活服务设施用地所占比例、绿地率、亩均产值、亩均税收等 7 项指标构成；江苏省地方标准、湖南省地方标准由投资强度、容积率、建筑系数、行政办公及生活服务设施用地所占比例、绿地率、地均税收等 6 项指标构成。工程项目中，以综合医院为例，国家标准和天津市地方标准的控制指标为单位用地指标，江苏省、湖南省和山东省地方标准控制指标为容积率和单位用地指标。

（3）指标值高低不同

由于各省市发展水平不统一，经济水平存在差异，导致建设用地控制指标值不一致。

4.1.2 管控指标体系整合现实需要

1. 平衡企业用地

企业获取土地使用权以划拨和协议出让为主，两种方式客观上都助长了企业千方百计多占地，以谋取更多的经济利益。以划拨方式取得土地使用权的企业可以在日后通过补地价的方式获取利益；以协议出让获取土地使用权的企业可以在后期的土地使用权转让中通过土地差价牟取收益。另外，目前由于各地节地管控指标体系不一致，土地管理部门对企业用地数量缺乏科学、统一的评估标准，各地企业用地数量申请差距较大，导致企业用地不均。[36]

通过整合节地管控指标体系，统一用地标准，科学合理的使用建设用地，平衡企业用地，减少土地资源的浪费，增加土地利用效益。

2. 促进节约集约用地

2013 年 3 月，中共中央政治局会议强调，中国人地矛盾始终是我国面临的基本国情，必须要强劲地推行节约集约高效用地准则，提高土地利用效率。通过整合建设用地控制指标体系，严控用地指标，以达到减少土地供应，改造现有建设用地的低效情况，提高土地节约集约利用水平和土地的综合价值。

节地管控指标体系整合促进土地节约集约利用，主要体现在控制增量和盘活存量两方面。针对两种不同建设用地类型，对于新建项目，要通过整合用地指标体系提高用地规模标准，严格控制增量，提高土地利用效率；对于改建扩建项目，通过整合用地指标体系挖掘存量建设用地潜力，提高对存量土地利用的管理。

通过节地管控指标体系整合，从严控制用地规模，既降低对新增建设用地资源的需求，控制建设用地的增长，又通过压缩现有建设用地规模，提高土地利用强度，达到集约增效的目的。

3. 便于项目审查和监管

目前，我国建设用地审批供应日趋活跃的表面隐藏着一系列管理和利用问题，管理部门仍存在"重审批，轻监督"的思想误区，粗放利用、违法违规利用层出不穷。建设用地供给的有限性，再加上供后土地违法违规造成土地资源的大量流失，进一步导致建设用地供需矛盾越来越尖锐。不利于维护土地市场秩序的稳定，不利于土地的节约集约利用，更不利于我国经济可持续发展的宏观目标。

对于建设用地获得后的实际利用情况，要实施有效监管，通过整合建设用地指标体系，形成建设用地管理标准，简化管理过程，规范化、秩序化、高效化地实行对建设项目标准化管理。

4.1.3 管控指标体系整合技术

1. 指标体系整合原则

在构建节地管控指标体系的过程中，最重要的是构建科学、合理、可行的指标体系，因此要遵循以下原则：

（1）科学性原则

建设用地节地管控指标体系整合必须立足于建设用地节约与集约利用的理论框架，科学表达出建设用地节约与集约利用的内涵、本质、规律、模式和机制的本质要素。

（2）系统性原则

建设用地节地管控指标本身就是多变量、多因素、多层次的相互联系、相互影响的统一的系统体系。整合控制指标体系的建立能全面反映建设用地的各个方面。

（3）可操作性原则

在建立节地管控指标体系后，应充分考虑城市建设用地节地管控指标体系在实践中应便于获取，易于操作，而不仅仅是纯理论性的指标概念。

（4）动态性与相对稳定性原则

城市的建设用地利用是一个不断发展的过程，所选取的节地管控指标能客观地反映建设用地利用变化过程且在较长的一个时期内具有相对稳定性，因此，整合节地管控指标体系时要具备发展和可持续性的观念，充分考虑各种因素的变动及其影响，以可持续发展思想为指导。

2. 行业体系的整合

为充分考虑本研究的可操作性，将江苏省、山东省、湖南省、宁夏回族自治区中的工业行业列表一中的项目归为工程项目研究。

（1）工业项目

通过分析天津、江苏、山东、湖南、宁夏的工业用地标准分类体系，并结合《国民经济行业分类注释》（GB/T 4754-2002）行业分类以及国家未来新兴行业发展情况，整合传统行业，增加新兴行业，将工业项目整合为 35 大类，其中传统行业 31 类，新型行业 4 类，形成新的行业体系。

目前，现有的各地工业用地控制指标中，通过分析比较可知，国家、天津为二级行业分类（原国土资源部发布的《工业项目建设用地控制指标》中食品制造业，行业代码为 14），宁夏、山东、湖南为四级行业分类（如湖南省自然资源厅发布的《湖南省建设用地控制指标》（2020 年版）中智能车载设备制造，行业代码为 3962），为了保证与国家标准的对接，便于指标数据统计和横向对比与不同管理部门的工作衔接，工业行业体系可确定为二级行业体系。

（2）工程项目

通过分析国家出台的《土地使用标准汇编》（上下）和天津市、江苏省、山东省、湖南省、宁夏回族自治区等出台的地方标准进行分析，发现工程项目尚没有完整的行业体系，各地方标准行业混乱，层次不一，因此整合工程项目行业体系尤为重要。

通过参考《划拨用地目录》，并对各地工程行业进行整理总结，可分为电力工程项目、石油天然气项目、煤炭工程项目、水利设施项目、新建铁路项目、公路工程项目、民用航空运输机场项目、基础设施项目、邮政设施项目、教育科研项目、体育设施项目、公共文化设施项目、医疗卫生设施项目、社会福利设施项目、特殊用地项目、墓葬项目、港口码头项目、仓储物流项目等 18 个行业大类，再根据行业大类进行细分，形成 86 个行业小类。

3. 控制指标的选取

建设项目的关键环节是用地控制指标的选取。控制指标是反映用地集约特性的重要参数，指标选取的准确与否，直接决定了建设用地集约用地效果的好坏。

（1）工业项目

工业项目控制标准的选择必须符合工业用地标准的要求。目前已有的建设用地标准多数采用了容积率、投资强度、建筑系数、行政办公及生活服务设施比例和绿地率五项指标，山东省则在此基础上增加了亩均产值和亩均税收两项指标，江苏省和湖南省增加了地均税收控制指标。

这些指标对企业单位用地的控制作用并不一致，其中容积率、投资强度、建筑系数、行政办公及生活服务设施比例和绿地率五项指标作为建设工业项目的准入条件，亩均产值和亩均税收（地均税收）则倾向于投产后项目的产出效益评价。从控制行为的主体上讲，容积率、投资强度、建筑系数、行政办公及生活服务设施比例、绿地率是企业自身能够控制的指标，亩均产值指标的决定因素众多，其中外部因素（比如市场因素、政府政策）是企业很难监控的。而亩均税收（地均税收）的多少取决于土地的产出效益和税率多少，所以对于亩均产值和亩均税收（地均税收）这两项指标的控制政府似乎更有能力，因此这两项指标不合适列入工业项目的准入条件，但是可以用来评估工业项目投产后的产出效益，作为评判工业用地利用效率的标准。

综上所述，整合后的工业用地控制指标应该为容积率、投资强度、建筑系数、行政办公及生活服务设施用地所占比例和绿地率五项控制指标。

① 容积率：指建设用地范围内总建筑面积占用地面积的比例，在计算容积率时，建筑物层高超过 8 米的，该层建筑面积加倍。

$$R = \frac{ss}{s}$$

式中：R 为容积率；

　　　ss 为总建筑面积；

　　　s 为用地面积。

② 投资强度（万元/公顷）：指项目建设范围内单位用地面积的投资额。

$$P = \frac{M}{s}$$

式中：P 为投资强度；

　　　M 为固定资产总投资；

　　　s 为用地面积。

③ 建筑系数：指项目范围内建筑物、构筑物、堆场占用地面积的比例。

$$C = \frac{c+d+e}{s} \times 100\%$$

式中：C 为建筑系数；

　　　c 为建筑物占地面积；

　　　d 为构筑物占地面积；

　　　e 为堆场用地面积；

　　　s 为用地面积。

④ 行政办公及生活服务设施用地面积所占比例：指项目用地范围内行政办公、生活服务设施面积（或分摊面积）占用地面积的比重。

$$W = \frac{w}{s} \times 100\%$$

式中：W 为行政办公及生活服务设施面积所占比例；

　　　w 为行政办公、生活服务设施面积；

　　　s 为用地面积。

⑤ 绿地率：是指建设用地范围内的绿地面积占用地面积的比重。

$$G = \frac{g}{s} \times 100\%$$

式中：G 为绿地率；

　　　g 为建设用地范围内的绿地面积；

　　　s 为用地面积。

（2）工程项目

对于工程项目建设用地指标控制研究采用统计分析方法，通过统计分析确定不同行业、不同类型项目的用地控制指标。该方法对专业技术的要求相对较低，但是需要在整理所有国家和地方标准的基础上进行。工程项目行业较多，每个行业的控制指标都不尽相同，因此需要每个行业均做一次模型试验。本书工程项目控制指标的选取采取频数概率模型。

① 频率的定义

在同样的条件下，进行一组随机试验（假设实验次数为 N），事件 A 发生的频数 n^a 就是随机事件 A 在此组实验中发生的次数，我们把事件 A 的频数与试验次数的比值称为事件 A 发生的频率。

② 概率与概率分布模型

概率表示事件发生的可能性大小的一个固定数值，在理想条件下，随着试验次数的增加，事件的发生频数越稳定，当试验次数 N 趋近于无穷大时，某一事件的发生频率收敛于某一固定值，这个值就是事件发生的概率，这是概率的定义。概率的公理化定义是：在样本空间为 S 随机试验 E 中，其中可能发生的每一事件 A 赋予一个实数，记为 P（A），如何集合函数 P（A_i）满足：

非负性：对于任何一个随机事件 A，都有 P（A）≥0；

规范性：对于一个必然事件 S，有 P（S）=1；

可列可加性：对于任意 i≠j，A_iA_j=φ，i、j=1，2，3，…，A，两两互不相容的事件 A_1，A_2，A_3，…，A_n 都有 P（$A_1 \cup A_2 \cup A_3 \cdots \cup A_n$）=P（$A_1$）+P（$A_2$）+P（$A_3$）…P（$A_n$）。

那么，我们把 P（A）称为事件 A 的发生概率。

概率分布模型是表征随机事件发生的概率的数学模型，本书研究的工程项目控制指标的概率分布属于连续型概率分布模型，可以直观地展现工程用地的指标现状。

4. 指标标准值的整合

指标标准值作为建设用地准入的主要参考值，它是直接判定建设用地是否节地的关键数值。本书对工业项目和工程项目指标标准值的整合采用四分位法。

四分位数（Quartile）也称四分位点，是指在统计学中把所有数值由小到大排列并分成四等份，处于三个分割点位置的数值，多应用于统计学中的箱线图绘制。它是一组数据排序后处于 25%和 75%位置上的值。四分位数是通过 3 个点将全部数据等分为 4 部分，其中每部分包含 25%的数据，中间的四分位数就是中位数，因此通常所说的四分位数是指处在 25%位置上的数值（称为下四分位数）和处在 75%位置上的数值（称为上四分位数）。与中位数的计算方法类似，根据未分组数据计算四分位数时，首先对数据进行排序，然后确定四分位数所在的位置，该位置上的数值就是四分位数，分别用 Q_1、Q_2、Q_3 表示。

第一四分位数（Q_1），又称较小四分位数，等于该样本中所有数值由小到大排列后第 25% 的数字。

第二四分位数（Q_2），又称中位数，等于该样本中所有数值由小到大排列后第 50%的数字。

第三四分位数（Q_3），又称较大四分位数，等于该样本中所有数值由小到大排列后第 75% 的数字。

其中 Q_1、Q_2、Q_3 对应控制指标的各项指标的调整值、控制值和推荐值三个可供选择的标准值，不同的标准值控制作用和方式不同。

调整值：用以指导落后工艺、落后产能占用建设用地的调整退出，是倒逼建设用地集约利用水平提高的政府政策的最直接体现，是一种强制性标准，是建设用地低效利用的警戒线。

控制值：控制新增工业用地的集约利用质量，具有较强的约束力，是一项强制性标准，是新增用地的准入条件。

推荐值：用以指导存量建设用地升级改造，也是用来指导新增用地的土地利用安排，是一种指示性标准，意味着该指标理想的水平。

4.1.4 管控指标体系整合结果

1. 工业项目

通过整合形成新的工业项目建设用地控制标准，新的标准包含 35 个行业大类，其中传统行业 31 个大类，新型行业 4 个大类。控制指标为 5 个，分别为投资强度、容积率、建筑系数、行政办公及生活服务设施用地所占比例、绿地率五项指标构成。具体情况如表 4-16 所示。

表 4-16 整合后工业项目行业分类

代码	名称	代码	名称
13	农副食品加工业	31	黑色金属冶炼及压延加工业
14	食品制造业	32	有色金属冶炼及压延加工业
15	酒、饮料和精制茶制造业	33	金属制品业
16	烟草制品业	34	通用设备制造业
17	纺织业	35	专用设备制造业
18	纺织服装、服饰业	36	汽车制造业
19	皮革、皮毛、羽毛及其制品和制鞋业	37	铁路、船舶、航空航天和其他运输设备制造业
20	木材加工和木、竹、藤、棕、草制品业	38	电气机械和器材制造业
21	家具制造业	39	计算机、通信和其他电子设备制造业
22	造纸和纸制品业	40	仪器仪表制造业
23	印刷和记录媒介复制业	41	其他制造业
24	文教、工美、体育和娱乐用品制造业	42	废弃资源综合利用业

代码	名称	代码	名称
25	石油、煤炭及其他燃料加工业	43	金属制品、机械和设备修理业
26	化学原料和化学制品制造业		新产业新业态工业项目行业
27	医药制造业	1	新一代信息技术产业
28	化学纤维制造业	2	新能源产业
29	橡胶和塑料制造业	3	新材料产业
30	非金属矿物制品业	4	先进设备制造业

2. 工程项目

通过整合形成新的工程项目建设用地控制标准，新的标准包含 18 个行业大类，细分为 86 个行业中类，通过整合形成新的控制指标体系。具体情况如表 4-17 所示。

表 4-17　整合后工程项目行业分类

序号	工程项目	工程项目细分	控制指标
1	电力工程项目	火力发电厂	用地规模指标
		核电站	用地规模指标
		变电站和换流站	用地规模指标
		风电场	单位用地指标、用地规模指标
2	石油天然气项目	油田工程项目	道路宽度/用地规模指标
		气田工程项目	道路宽度/用地规模指标
		长距离输油气管道	用地规模指标
3	煤炭工程项目	矿井	用地规模指标、单位用地指标
		选煤厂和筛选厂	建筑系数、用地规模指标、单位用地指标
		标准轨距铁路装（卸）车站	用地规模指标
		矿区辅助设施	用地规模指标
4	水利设施项目	水库枢纽项目	单位长度用地指标
		堤防项目	单位长度用地指标
		水闸项目	单位宽度用地指标
		泵站项目	单位机组台数用地指标
5	新建铁路工程项目	新建客货共线铁路	宽度、用地规模指标
		新建客运专线铁路	宽度、用地规模指标
6	公路工程项目	路基工程	宽度、用地规模指标
		桥梁工程	用地规模指标
		隧道工程	用地规模指标
		交叉工程	用地规模指标
		沿线设施	用地规模指标

序号	工程项目	工程项目细分	控制指标
7	民用航空运输机场工程项目	飞行区	用地规模指标、间距
		通信导航设施	用地规模指标
		航站区、货运区、机务维修区	用地规模指标
		供油设施	用地规模指标
		场外道路、管线及其他设施	
8	教育科研系统	学前教育	生均用地、绿地率、容积率
		初等教育	生均用地、绿地率、容积率
		中等教育	生均用地、绿地率、容积率
		高等教育	生均用地、建筑系数
		特殊教育	生均用地
		机动车驾驶员培训教练场	用地面积
		公安机关业务技术用房	用地面积
		科研机构	容积率、绿地率、单位用地指标
9	卫生系统	综合医院	单位用地指标、容积率
		中医医院	单位用地指标、容积率
		中西医结合医院	单位用地指标
		专科医院	单位用地指标、容积率
		精神病医院	单位用地指标
		传染病医院	单位用地指标
		疗养院	单位用地指标、容积率
		社区卫生服务中心	单位用地指标、容积率
		乡镇卫生院	单位用地指标、容积率
		疾病预防控制中心	单位用地指标、容积率
		妇幼保健院（所）	单位用地指标、容积率
		急救中心（站）	单位用地指标
		其他医疗卫生机构	单位用地指标
		卫生监督所	单位用地指标
10	文化艺术业	图书馆	容积率、建筑密度、用地规模
		博物馆	
		文化馆	容积率、建筑密度、用地规模
		展览类设施	容积率、建筑密度、用地规模
		群众文化生活	容积率、用地规模
11	福利设施	养老院	单位用地面积、容积率、建筑密度
		儿童福利院	单位建筑面积、室外活动场地面积、容积率、建筑密度

序号	工程项目	工程项目细分	控制指标
12	市政基础设施项目	供水工程项目	单位用地指标
		排水工程项目	单位用地指标
		燃气供应项目	单位用地指标
		供热工程项目	用地规模和单位用地指标
		通信工程项目	用地规模指标
		公共交通项目	单位用地指标
		城市生活垃圾处理工程项目	单位用地指标或用地规模指标
		市政道路项目	红线宽度、用地规模指标
		公共绿地项目	用地规模指标
		消防设施项目	用地规模指标
13	体育设施项目	体育训练场	用地面积、单位用地指标、绿地率
		城市社区体育设施	长度、宽度、用地面积
		城市公共体育场馆	用地面积
14	邮政设施	邮政局	用地规模指标
		邮政所	用地规模指标
		邮件处理场地	用地规模指标
15	特殊用地项目	监狱项目	单位用地指标
		拘留所项目	单位用地指标
		看守所项目	单位用地指标
		强制隔离戒毒所项目	单位用地指标
		戒毒康复所项目	单位用地指标
16	墓葬项目	公益性公墓	单位用地指标和用地规模指标
		公益性骨灰堂	单位用地指标
17	港口码头	海港通用码头	用地规模指标
		河港通用码头	用地规模指标
18	仓储物流	普通仓储	用地规模、容积率和建筑系数
		特种仓储	
		保温仓储用地	用地规模、容积率和建筑系数
		堆场用地	用地规模和容积率
		物流园	投资强度、物流强度和用地规模

4.2 建设用地集约利用评价体系建设研究

城市用地集约度是城市土地单位面积内投资及其使用状况，建设用地集约利用评价指标有反映土地的利用效率与土地利用效益，还有反映土地节约集约利用与可持续能力的。针对不同评价单元、不同用地类型、不同功能区，如何建立一套客观的可操作的评价指标体系，是一个深入研究的问题。土地节约集约利用是一个概念，对其理解不同，用指标去解释、表达土地节约集约利用的方法将不同。因此，应根据土地集约利用的内涵进行指标体系的构建。[37]

4.2.1 集约用地现状评价

在我国，对城市土地集约性程度的研究还不够成熟，直到 20 世纪 80 年代末期才开始对其进行研究，多是在农用地集约利用的理论基础上进行引申，这与我国城市化的进程相违背。早期，毕宝德等专家和研究者以欧美学者所提出的农用地集约利用的内涵为基础，认为"城市土地集约利用"就是增加单位面积土地上的资金、劳动等投入，来获得更多产出回报的土地开发方式，与之前粗放的土地利用方式形成鲜明的对比。然而，城市土地利用有其特殊性和复杂性，在工程实践中，国内学者从全面系统的角度拓展与延伸了集约用地的概念，部分专家学者从土地的结构层次和规划布局上进行综合考虑。

随着我国人口的增长，城镇化、工业化进程加快，我国经济社会发展对土地资源的需求不断上升，土地集约用地的研究转为基于 GIS 技术、人工神经网络、压力—状态—响应模型等现代方法、技术、模型的耦合与应用，对城市发展的立体空间进行充分发掘，为集约用地的定量评价提供了良好平台，使集约用地研究进入一个崭新的阶段。

1. 区域尺度下城市集约水平的时空比较

区域土地的承载功能具有差异性，区域土地集约利用也是经过长期积累而来的，区域内的自然条件、社会经济发展状况、人口结构等因素影响区域土地可持续发展，这些因素相互作用、相互制约，从经济可行性、劳动生产性、环境资源保护性、社会认可性评价区域土地集约利用程度[38]。评价区域土地节约集约利用及测算区域土地潜力构成了区域土地集约利用评价体系，实时体现区域内的土地利用现状，分析区域经济社会的发展趋势，强化区域空间立体发展理念，合理建立区域土地市场机制下的土地资源配置，为完善城市总体规划提供借鉴。城中村作为城市化进程中的特殊产物，在土地利用方面具有特殊性，也是区域角度集约用地评价的一类。压力—状态—响应（Pressure State Response，简称 PSR）模型是为了解决环境问题由欧洲环境局建立的管理模型，它可以灵活、整体地反映压力与响应间的因果关系，进一步揭示了人们所处环境与经济发展的联系，清晰描述期间的发展历程。借助此模型，可合理整合各种资源、促进环境发展，进而保护人类健康。评价土地集约利用度，减小主观性，相对客观，可以清晰体现评价指标体系中各指标的相关性及其与土地集约利用度的对应关系，揭示出土地集约利用的时间性及空间差异。

2. 单个典型城市的集约利用水平的变化

以城市为例，因为城市内用地具有功能差异，可根据土地用途划分评价功能区，以居住区、工业区、商业服务区等城市潜力区片作为研究对象，根据各功能区特点搭建评价指标体系[39]。充分考虑城乡之间、各区域间是否统筹发展，土地资源配置是否合理，是否达到最优。评价不同潜力区土地利用强度使用效率及潜力内涵时，选取的指标是在评价区内，只反映评价区内具体情况，不能反映整个城市的总体情况。也就是说，构建的评价指标体系只针对工业、商业、住宅等不同功能区，未全方位考虑城市整体的资源配置、土地资源管理、使用机构等其他相关因素。随着计算机软硬件的发展与完善，为土地集约利用评价提供了更为精准的分析模拟平台。在评价中被引入的地理信息系统（Geographic Information System，简称 GIS）

就是以计算机软硬件作为平台，将收集到的数据属性、特征等相关信息存储在计算机内，建立开发数据库，对人们赖以生存的环境资源等研究对象的现状、发展趋势等进行模拟，并将分析结果以数字、图像、表格等适当形式体现，让人们直观、形象地体会到所处的环境空间。土地空间布局的合理性直接影响土地集约利用度，借助 GIS 平台，对开发区土地集约利用程度、地价空间分布规律等进行空间分析，总结出被评价对象的空间分布规律，从而预测发展趋势。

3. 城市分区尺度下的集约评价

对城市分区开展集约利用评价，总体协调城市各功能区的发展，可以指导被评价城市的总体规划、土地利用总体规划的编制实施。采用传统的定性与定量相结合进行集约用地评价，一般先构建指标体系，选取目标、次目标与指标层；然后调查各指标的实际值，与各指标的理想值进行比对；通过专家打分得出评价指标的权重，对各指标进行加权求和；最后进行一致性检验，若符合要求可采纳，若不符合要求将以上过程进行修正。

4. 微观视角下的城市土地利用评价

从微观视角，对城市土地集约利用开展评价研究，对在城市总体规划上编制的控制性详细规划的实施具有实际意义。数据包络模型是针对决策单元开展相对评价时所选用的方法之一，主要是利用数学计算将被评价对象间的相对效率做比较，是集运筹学、数学经济及管理学于一体的交叉学科。此种方法利用最优方法拟定权重，能够以决策单元两端的输入量与输出量的权重作为因变量，避免了权重再分配的主观性。数据包络模型可以定量刻画出分析对象，便于解决经济学科领域内的规模经济与生产函数间的问题。

4.2.2　建设用地集约利用的相关理论

关于土地利用的理论很多，从不同的角度出发都可以在多个研究领域找到相关理论。土地集约利用的基础理论主要有：区位理论、地租理论、替代理论、土地报酬递减理论、土地可持续利用理论、景观生态学理论、系统学理论等。

1. 区位理论

区位理论实质上是研究人在空间区位上对资源的选择与组合。区位理论包括杜能的农业区位论、韦伯的工业区位论、克里斯塔勒的中心地理论和廖什的市场区位论等[40]。以德国的农业经济学家冯·杜能发表的著作《孤立国同农业和国民经济的关系》为标志[41]，他认为，农业土地的利用类型和农业土地经营集约化程度，不仅取决于土地固有的自然地理条件特性，更重要的还取决于农业土地与消费市场之间的距离，进而阐述了农业土地利用在区位上的选择问题。德国经济学家阿尔申德·韦伯 1909 年发表的《论工业的区位》对运输、劳动力及集聚因素进行分析，找出工业产品生产成本最低点作为工业企业的理想区位。克里斯塔勒 1933年发表的《德国南部的中心地方》提出"中心地理论"，揭示城市发展数量、规模和分布原理[42]。

2. 地租理论

马克思在总结和批判性继承古典地租理论的基础上建立了马克思主义地租理论，他提出，地租是土地所有权的经济实现形式，是为使用土地本身而支付的费用，即土地所有权的存在以及土地所有权和使用权的分离是地租存在的基础[43]。地租具体的形成条件和原因，马克思将地租分为绝对地租、级差地租和垄断地租三种形式。绝对地租是土地所有者凭借土地所有权垄断所取得的地租。级差地租按其形成的基础，分为级差地租Ⅰ和级差地租Ⅱ，对城市用地来说，级差地租Ⅰ主要是由于区位和土地自身条件差异而产生的，级差地租Ⅱ主要是由于公用基础设施及对土地投资建设而形成。垄断地租是由产品的垄断价格带来的超额利润转化成的地租。[44]

3. 土地报酬递减理论

土地报酬递减理论，是指在技术不变、其他要素不变的前提下，对相同面积的土地不断追加某种要素的投入所带来的报酬的增量（边际报酬）迟早会出现下降[45]。土地报酬递减规律可以分三个阶段来描述，第一阶段，平均报酬处于递增状态，从而增加劳动投入能带来总报酬更大比例的增长，因此在这个阶段停止投入是不合理的，继续劳动投入将使得生产效率得到进一步提高；第二阶段，平均报酬等于边际报酬之后到边际报酬等于零之前为第二阶段，在通常情况下，选择在第二阶段组织生产是合理的，但具体选择多少变动要素（比如劳动），还要取决于农产品价格和投入要素价格；第三阶段，边际报酬为零，总报酬达到最大之后为第三阶段，在此阶段，投入劳动的边际报酬和生产弹性均为负数，而且平均报酬继续递减，总报酬也趋于下降，因此在这一阶段继续投入是不合理的。根据土地报酬递减规律，人们可以通过运用现代科学技术和手段，找到生产要素投入的最佳投入点，实现土地利用的最优效益。

4. 土地可持续利用理论

可持续利用的内涵就是既要满足当代的需求，又不对后世子孙的发展构成威胁。"发展"是可持续的基础，"发展才是硬道理"，发展不仅要有量的增长，更要有质的提高。在经济方面，要保持经济的稳定增长，以较少的资源成本获得尽可能多的效益；在社会方面，发展对社会的改变需要建立在改变的承受能力之内；在生态方面，即是环境承载力，环境承载能力是指在一定时期内，在维持相对稳定的前提下，环境资源所能容纳的人口规模和经济规模的大小，人类的活动应保持在地球承载力的极限之内[44]。土地是人类社会赖以生存发展的最基本的自然资源。伴随着工业化和城市化的加速发展，人口的增加和人类活动范围的扩大，导致不断增长的土地需求与土地资源的有限性和土地利用的不可逆转性的矛盾日益显著，也制约了社会经济的高速发展[46]。因此，土地集约利用是土地利用的必然选择。

4.2.3 集约利用的影响因素

建设用地节约集约用地评价是通过构建科学合理的评价指标体系，选取合适的评价方法对评价对象进行评价获取节约集约利用程度的过程[47]。影响建设用地节约集约利用的因素有很多，包括土地利用度、土地利用结构和布局的合理性、土地利用的投入水平、土地利用产出效率、可持续的土地集约利用等5个重要因素。

1. 土地利用度

土地利用度最直白地表现了土地的集约利用程度，在一定范围上体现了土地利用和开发的强弱程度，土地利用度一般体现在该地区人口规模和用地紧张程度、容积率等方面。因此应该通过合理有效的手段更好地限制开发区用地面积的盲目扩张，进而提高现有土地的利用强度，实现土地资源的合理有效分配与高效率的土地集约利用。

2. 土地利用结构和布局的合理性

能够明确表示不同用途土地在数量上以及空间上的分配情况的指标被称为土地利用的结构与布局。土地利用的结构和布局能够反映出开发区内不同土地用途、不同用地类型之间土地的分配现状。土地利用结构的大小和布局上的合理性是实现土地集约利用的先决条件。[48]

合理的城市土地利用空间结构布局，可以避免不必要的土地开发和利用浪费，同时也可以避免基础设施的多余建设，但是因为土地利用空间布局和人文因素难以从量化角度进行评价，所以只能从数量结构和空间分布等方面来评价土地利用的集约水平。

3. 土地利用的投入水平

土地利用的投入主要包括基础设施建设投入、公共设施和公益设施建设投入以及科技环保设施投入在内的直接或间接影响土地价值的要素的投入。[49]

4. 土地利用产出效率

土地的投入与土地的产出物之间的比例，称之为土地利用产出效率。土地产出水平的高低通常体现于土地区位的属性和土地在经营过程中的产值。因此，对于土地利用产出率高低的测算不仅关注土地产出的高低水平，而且需要重点关注该区域的经济发展整体水平。

5. 可持续的土地集约利用

可持续的土地集约利用是指在当前的土地规划原则与要求下，结合经济社会环境和当前技术水平，依靠一定的方式方法来维持土地使用效率的用地方式。简单讲就是通过不断提高技术水平和科技程度来提高土地的集约化程度，形成可持续的土地集约利用。随着技术进步，企业必须通过技术革新来提高投入产出水平，从而形成可持续的土地集约利用。[50]

4.2.4 评价指标体系的构建

建设用地集约状况的各项影响因素所构成的体系是一个复杂、系统的体系。这个体系涵盖了能够影响建设用地利用的各个方面，同时也能反映该区域建设用地的利用潜力和发展能力，可以对该区域建设用地进行客观全面的评价工作。[51]

1. 评价指标体系的选取原则

城市建设用地节约集约利用评价涉及多方面的内容，选取合理的评价指标能更好地反映评价研究的目标，提高土地集约利用评价结果的真实性和可靠性，保证评价指标体系的合理性、可行性和科学性。评价指标的选取需遵守以下原则：

（1）系统性原则

实现土地的集约利用需要从社会经济、土地管理、基础设施建设、环境保护等各方面采取措施，应充分考虑各方面因素的相关影响，从而进行系统性的研究和论证。

（2）层次性原则

土地利用是一个包含多种复杂因素和众多子系统的复合型系统，所以土地利用的评价体系要充分体现层次性，无论是微观还是宏观，无论是抽象还是具体，都要保证便于操作。

（3）独立性原则

独立性是相关指标选择的原则，为了评价结果的客观性和准确性应尽量减少指标之间代表意义的交叉涵盖，并尽可能排除具有相关性的指标。

（4）代表性原则

为避免评价指标之间的重复，要尽量选取具有代表性的指标，避免评价指标体系过于繁杂。

（5）可操作性原则

在选取指标时要考虑评价指标的数据是否容易获取，是否具有可比性，并且尽量采用可以定量分析的数据组成土地集约利用的指标体系，也可以通过先对定性指标进行处理，然后采用定量分析的方法来分析是这些定性指标，避免评价的随意性，实现土地集约利用评价的可操作性。

2. 评价指标体系构建

评价指标体系是由每一个具体的评价指标所组成，所以指标的选择是评价工作的重中之重。由于建设用地内部结构的差别较大，不同类型的建设用地节约集约利用评价有不同的体系[52]。针对本书内容主要研究工业项目和工程项目，因此居住用地、商业用地以及其他用地暂不做考虑。本书的评价指标构建分为工业功能区评价指标、教育功能区评价指标、特别功能区评价指标，其他未涵盖的项目类型采用城乡建设用地评价指标。评价因子分为两类：正向相关指标类型和负向相关指标类型。

正相关指标类型：指标值与节约集约总评价目标具有正向相关关系，总评价值随着指标值的提高而提高，随着指标值的降低而降低。

负相关指标类型：指标值与节约集约总评价目标具有反向相关关系，总评价值随着指标值的提高而降低，随着指标值的降低而提高。

（1）工业功能区评价指标体系

工业区评价从土地开发程度、土地利用强度、产业用地投入、产业用地产出效益和管理绩效 5 个方面选取出 11 个指标来构建工业区土地集约利用评价的指标体系，包括土地开发程度（A）、土地利用强度（B）、产业用地投入（C）、产业用地产出效益（D）、管理绩效（E）。如表 4-18 所示。

表 4-18　工业区土地集约利用评价指标体系

准则	指标	单位	属性性质
土地开发程度（A）	土地供应率（A1）	%	正向相关
	土地建成率（A2）	%	正向相关
	工业用地率（A3）	%	正向相关
土地利用强度（B）	综合容积率（B1）	—	正向相关
	建筑密度（B2）	%	正向相关
产业用地投入（C）	固定资产投入强度（C1）	m^2/万元	正向相关
	劳动力投入（C2）	人	正向相关
产业用地产出效益（D）	工业用地地均税收（D1）	万元/hm^2	正向相关
	综合地均税收（D2）	万元/hm^2	正向相关
	地均产值（D3）	万元/hm^2	正向相关
管理绩效（E）	土地闲置率（E1）	%	负向相关

① 土地开发程度（A）

土地开发程度是土地节约集约利用的前提，是工业区用地高效利用的基本条件。本研究用土地供应率（A1）、土地建成率（A2）和工业用地率（A3）指标来反映。

土地供应率（A1）是指已供应国有建设用地面积与已达到供地条件的土地面积之比；土地建成率（A2）是指已建成城镇建设用地面积与已供应国有建设用地面积之比；工业用地率（A3）是指已建成城镇建设用地范围内工矿仓储用地面积与已建成城镇建设用地面积之比。

② 土地利用强度（B）

土地利用强度反映的是土地利用方式及其强度，其大小直接关系到土地是否节约集约利用。本研究用综合容积率（B1）、建筑密度（B2）指标来反映。

综合容积率（B1）是指已建成城镇建设用地上的总建设面积与已建成城镇建设用地面积的比值；建筑密度（B2）是指已建成城镇建设用地内的建筑基底总面积与已建成城镇建设用地面积的比值。

③ 产业用地投入（C）

产业用地投入是从投入促进节约集约利用的效果来选取的。本研究用固定资产投入强度（C1）与劳动力投入（C2）指标来反映。

固定资产投入强度（C1）是指已建成工业区的企业累计固定资产投资总额；劳动力投入（C2）是指已建成工业区的劳动力投入人数。

④ 产业用地产出效益

产业用地产出效益是土地投入后产生的收益，也是评价土地是否高效利用的重要指标之一。本研究用工业用地地均税收（D1）、综合地均税收（D2）与地均产值（D3）指标来反映。

工业用地地均税收（D1）是指已建成城镇建设用地范围内的工业（物流）企业税收总额与工矿仓储用地面积之比；综合地均税收（D2）是指已建成城镇建设用地范围内的二、三产业税收总额与已建成城镇建设用地面积之比；地均产值（D3）是指开发区工业（物流）企业总收入（万元）与已建成城镇建设用地面积之比。

⑤ 管理绩效

管理绩效反映的是工业区土地管理水平和效果。本研究用土地闲置率（E1）指标来反映。土地闲置率是指已供应国有建设用地中闲置土地面积与已供应国有建设用地面积之比。

（2）教育功能区评价指标体系

教育功能区评价从土地开发程度、土地利用结构、土地利用强度三方面，利用 8 项指标对教育功能区的土地用地状况进行评价。如表 4-19 所示。

表 4-19　教育功能区土地集约利用评价指标体系

准则	指标	单位	属性性质
土地开发程度（A）	土地供应率（A1）	%	正向相关
土地利用结构（B）	建筑密度（B1）	%	正向相关
	绿地率（B2）	%	正向相关
土地利用强度（C）	综合容积率（C1）	—	正向相关
	基础设施完备度（C2）	%	正向相关
	单位用地服务学生数（C3）	人/hm^2	正向相关
	单位校舍用地服务学生数（C4）	人/hm^2	正向相关
	单位体育活动场地服务学生数（C5）	人/hm^2	正向相关

① 土地开发程度（A）

土地开发程度是土地节约集约利用的前提，本研究用土地供应率（A1）指标来反映。土地供应率（A1）是指已供应国有建设用地面积与已达到供地条件的土地面积之比。

② 土地利用结构（B）

土地利用结构反映的是教育区域内的用地配置是否合理。本研究用建筑密度（B1）和绿地率（B2）指标来反映

建筑密度（B1）是指教育功能区内的各类建设基地面积占片区土地面积的比例；绿地率（B2）是指教育功能区内的绿地面积占片区土地面积的比例。

③ 土地利用强度（C）

土地利用强度反映的是土地利用方式及其强度，其大小直接关系到土地是否节约集约利用。本研究用综合容积率（C1）、基础设施完备度（C2）、单位用地服务学生数（C3）、单位校舍用地服务学生数（C4）和单位体育活动场地服务学生数（C5）指标来反映。

综合容积率（C1）是指教育功能区内的各类建筑总面积与片区土地面积的比值；基础设施完备度（C2）是指教育功能区内的水、电、路等基础设施的配套程度；单位用地服务学生数（C3）是指教育功能区内服务学生总数与片区土地面积的比值；单位校舍用地服务学生数（C4）是指教育功能区内服务学生总数与区域内校舍用地面积的比值；单位体育活动场地服务学生数（C5）是指教育功能区内服务学生总数与区内体育活动场地面积的比值。

（3）特别功能区评价指标体系

特别功能区评价从土地利用强度（A），利用 2 项指标，即综合容积率（A1）和建筑密度（A2）对特别功能区的土地用地状况进行评价。如表 4-20 所示。

表 4-20　特别功能区土地集约利用评价指标体系

准则	指标	单位	属性性质
土地利用强度（A）	综合容积率（A1）	—	正向相关
	建筑密度（A2）	%	正向相关

综合容积率（A1）是指特别功能区内的各类建筑总面积与功能区内土地面积的比值；建筑密度（A2）是指特别功能区内的各类建筑基地面积占功能区内土地面积的比例。

（4）其他项目

其他项目由于分布较为分散，无法形成功能区，因此采用建设用地集约利用综合评价指标体系。建设用地集约利用评价指标体系主要从建设用地利用强度、建设用地利用投入、建设用地产出效益、建设用地扩增四方面，8 个指标进行其他项目评价。如表 4-21 所示。

表 4-21　其他项目土地集约利用评价指标体系

准则	指标	单位	属性性质
利用强度（A）	人均建设用地（A1）	hm²/人	负向相关
	人均城镇用地（A2）	hm²/人	负向相关
利用投入（B）	单位城镇建设用地固定资产投资（B1）	万元/hm²	正向相关
产出效益（C）	建设用地地均 GDP（C1）	万元/hm²	正向相关
	单位城镇用地第二、三产业增加值（C2）	万元/hm²	正向相关
	单位交通运输用地 GDP（C3）	万元/hm²	正向相关
用地扩增（D）	新增建设用地占耕规模（D1）	hm²	负向相关
	新增城镇用地占耕规模（D2）	hm²	负向相关

① 利用强度（A）

利用强度反映的是土地利用强度，其大小直接关系到土地是否节约集约利用，采用人均建设用地（A1）和人均城镇用地（A2）指标来反映。

人均建设用地（A1）是指建设用地总面积和总人口的比值；人均城镇用地（A2）是指建设用地面积与城镇人口的比值。

② 利用投入（B）

利用投入是建设用地的投入情况，从投入反映建设用地的集约情况，采用单位城镇建设用地固定资产投资（B1）指标来反映。单位城镇建设用地固定资产投资（B1）是指固定资产投资额与建设用地总面积的比值。

③ 产出效益（C）

产出效益是土地投入后产生的收益，也是评价土地是否高效利用的重要指标之一。采用建设用地地均GDP（C1），单位城镇用地第二、三产业增加值（C2），单位交通运输用地GDP（C3）指标反映。

建设用地地均GDP（C1）是指产生的GDP与建设用地总面积的比值；单位城镇用地第二、三产业增加值（C2）是指第二、三产业的增加值与城镇用地面积的比值；单位交通运输用地GDP（C3）是指产生的GDP与交通运输用地总面积的比值。

④ 用地扩增（D）

用地扩增直接反映建设用地的集约情况，采用新增建设用地占耕规模（D1）和新增城镇用地占耕规模（D2）指标反映。

新增建设用地占耕规模（D1）是指次年新增建设用地占耕地面积；新增城镇用地占耕规模（D2）是指新增城镇用地占耕地面积。

3. 评价指标权重确定

多个因素指标综合影响建设用地评价，在分析影响程度的过程中，要客观、合理地确定评价指标体系中各个指标的贡献率，即权重。

（1）权重确定原则

权重应依据评价的指数、分指数、分指数指标对建设用地节约集约利用的影响程度确定。指数、分指数、分指数指标的权重值在0—1之间，每个指数对应下一层分指数或分指数指标的权重值之和都应为1。

（2）权重确定

通常指数的确定可以采用特尔菲法、因素成对比较法、层次分析法等方法。

① 特尔菲法 ω

通过对指数、分指数或分指数指标的权重进行多轮专家打分，计算权重值公式如下：

$$w_i = \frac{1}{n} \sum_{j=1}^{n} E_{ij}$$

式中：w_i 为第 i 项指数、分指数、分指数指标的权重；

E_{ij} 为专家 j 对于第 i 个目标、子目标或指标的打分；

n 为专家总数。

② 因素成对比较法

通过对所选评价指标进行相对重要性两两比较、赋值，计算权重值。

比较结果要符合 A 指标大于 B 指标大于 C 指标，A 指标也大于 C 指标的关系；指标的赋值应在 0—1 之间，且两两比较的指标赋值之和等于 1。

③ 层次分析法

通过对指数、分指数、分指数指标相对重要性进行判断，组成判断矩阵，计算权重值。

通过比较分析以及公平公正的角度分析采用特尔菲法进行权重确定。

4. 评价指标理想值确定

理想值为土地节约利用各评价指标在评价时应达到的理想水平。

（1）指标理想值确定方法

① 对于利用强度指数、管理绩效指数涉及的指标，计算评价对象的指标理想值时，应涉及所有评价对象；对于增长耗地指数、用地弹性指数涉及的指标，计算评价对象的指标理想值时，只涉及土地利用趋势类型中低效扩张型、集约扩张型的评价对象。

② 本研究的指标理想值采用四分位法确定。对于正向相关指标，指标理想值原则上愈大愈佳，允许在不小于 1/4 分位数（各评价对象指标数值从大到小）中选择；对于反向相关指标，指标理想值原则上愈小愈佳，允许在不大于 1/4 分位数（各评价对象指标数值从小到大）中选择。

（2）初始值

分指数指标标准化的初始值采用公式：

$$S_{i0} = \frac{a_i}{t_i}$$

式中：S_{i0} 为第 i 项分指数指标标准化值的初始值；

a_i 为第 i 项分指数指标理想值；

t_i 为第 i 项分指数指标实际值。

根据有关指标或对应理想值的特征差异，需要对指标标准化值的初始值按照以下原则处理，确定各项分指数指标标准化值 S_i，S_i 数值越大，区域用地状况可能越佳。具体如下：

① 对于正相关指标，$S_i = S_{i0}$；对于反相关指标，$S_i = 1/S_{i0}$。

② S_i 应在 0—1 之间。

③ 对于利用强度指数、管理绩效指数涉及的指标，若 $S_{i0} \geq 1$，S_i 直接赋为 1，表示指标实际值为理想状态。

④ 对于增长耗地指数、用地弹性指数涉及的指标，应结合定性分析中土地利用趋势类型进行处理：

一是当评价对象属于发展迟滞型或粗放扩张型中的一种，S_i 直接赋为 0。

二是当评价对象属于挖潜发展型，S_i 直接赋为 1。

5. 评价指数计算

（1）用地状况定量评价分指数计算

各项分指数计算公式为：

$$a_j = \sum_{i=1}^{n}\left(\omega_{ij} \times s_{ij}\right) \times 100$$

式中：a_j 为第 j 项分指数的值；

　　　ω_{ij} 为第 j 项分指数下第 i 个指标的权重；

　　　s_{ij} 为第 j 项分指数下第 i 个指标的标准化值；

　　　n 为第 j 项分指数下的分指数指标个数。

（2）用地状况定量评价指数计算

各项指数计算公式为：

$$\beta_k = \sum_{j=1}^{n}\left(\omega_{ij} \times \alpha_i\right)$$

式中：β_k 为第 k 项指数的值；

　　　ω_{ij} 为第 k 项指数下第 j 个分指数的权重；

　　　α_i 为第 j 项分指数的值；

　　　n 为第 k 项指数下的分指数个数。

（3）用地状况定量评价的总指数计算

根据各项指数，可综合形成区域用地状况定量评价的总指数，计算公式为：

$$总指数 = \sum_{k=1}^{n}\left(\omega_k \times \beta_k\right)$$

式中：ω_k 为第 k 项指数的权重；

　　　β_k 为第 k 项指数的值；

　　　n 为总指数下的指数个数。

5 节地管控计算机辅助系统建设

5.1 系统设计思路

5.1.1 系统概述

在国民经济高速发展的新时代背景下，土地利用资源日趋紧张，建设项目用地标准的要求和把控无论在国家层面还是在地方层面都日趋严格，但建设项目节地管控工作水平仍处于基础阶段，缺乏信息化和大数据积累，标准管控尚未实现全覆盖，致使工程项目设计、建设项目用地准入、土地供应、供后监管、土地开发利用等业务管控体系力度不够，难于为相关部门宏观决策提供一致、综合的信息支持，严重制约高效、智能化国土信息建设和建设用地的节约集约利用。为此，开发建设项目节地管控系统平台并将其推广应用，一方面，该系统平台为政府相关部门对建设项目用地选址和预审工作提供了数据支撑和决策依据，大大减少相关部门的工作量与工作难度，提升工作效率，提高天津市建设项目用地节约集约的全域性管理水平；另一方面，该系统平台通过对不同时间、不同地区、不同行业的建设项目集约利用状况的详细统计，对盘活存量低效用地、推动地方产业结构升级、提高土地利用效率、提高建设用地节约集约利用率和智能高效管控水平有重要意义。

5.1.2 系统目标与任务

本系统平台主要使用对象是建设项目审批部门，主要功能是通过整理过往已经审批的建设项目，摸清已有建设项目的用地单位情况、用地规模、利用现状、建筑密度、容积率、绿地率等基础信息，针对不同项目类型，着重分析其用地控制指标，在整合后的建设项目用地控制指标的基础上，通过后台置入所有审批项目情况，形成基础数据库，系统自动计算，得出新的节地管控指标体系和项目用地标准值或标准区间等。内置天津市国土空间规划、全国第三次土地调查数据、最新遥感影像为底图，对需要审批的项目进行基本信息录入，系统通过对比分析，自动判定是否符合规划、是否节地，得出统计详情，必要情况下可进行栅格图绘制及过往信息查询。同时建立调查数据定期更新机制，由规划与自然资源局牵头，企业自行填写项目建设情况、经济收支情况、用工情况、环保情况等数据，按季度或年度对产业用地绩效管理平台进行定期数据更新，以保证系统平台对区域内建设项目的实时考核与供后监管。最终实现全市多个行业、多套标准、多项指标的有机融合，突破建设用地控制指标时空信息集成框架建设的技术瓶颈。

建设项目节地管控系统平台通过运用大数据技术，对建设项目用地海量基础信息和相关部门信息进行收集、处理、分析，用定量化分析和定性化分析代替土地管理者传统的经验评价，具有可靠性、科学性、高效性、展示性。建设项目节地管控系统平台的搭建，使得天津市土地节约集约利用水平明显提高，建设项目用地有效供给得到增强，产业用地结构明显优化，产业转型升级逐渐加快，投资消费有效增长，经济社会可持续发展能力不断提升，是践行国土资源创新发展、协调发展、绿色发展、开放发展、共享发展不可或缺的重要基础。

1. 信息录入

基于建设项目用地数据的多源异构和数量庞大两个主要特性，为使系统平台最终实现推广使用，本系统平台建设时，将多源的矢量数据、栅格数据、表格数据、文字信息等进行统一管理，按照"基础信息数据"和"矢量数据"两大类录入"新审批项目""审批已通过的在建项目"和"审批已通过的建成项目"，以及为系统平台后续使用功能、相关部门进行项目选址、预审和动态监管、实现三年一更新的节地管控指标体系提供有效数据支撑。

2. 信息查询

以庞大的数据库为基础，满足用户对建设项目不同工作需求的信息查询功能，包括建设用地使用指标、企业信息、地块现状信息和地块规划信息等方面的查询，可分区域、分行业、分年份、分企业名称等查询各项目用地控制指标、建设情况、用地情况、经济情况等。前置条件的多样性选择、查询结果的一键式操作以及查询结果的可输出性，大大降低了用户的工作强度和工作难度，提高了政府相关部门的工作效率。同时，为实现系统平台运行的科学性，本模块提供不同时间段建设项目节地审核指标体系的定期更新，为国土资源管理、"一张图"系统和 OA 办公系统预留标准化接口，实现建设项目信息自动积累和基础数据库自我生长。

3. 对比分析

对比分析模块主要分为两种，一是建设项目用地指标对比分析，二是建设项目规划符合性分析。

建设项目用地指标对比分析是指将建设项目的指标值和平台指标体系中的标准值或标准区间进行对比，判断其是否满足标准值或在标准区间内，从而得出是否节地的结论，该对比结果可通过系统直接导出。其中平台的指标体系是指已经建立的工业和工程项目的指标体系，标准值或标准区间是通过后台四分位法计算得出，并随着基础数据库自我生长三年进行一次更新。

建设项目规划符合性分析是指将项目数据与天津市各类规划数据，如土地利用总体规划数据、城市总体规划数据以及后续衔接的国土空间规划数据等，进行对比分析，判断其是否符合相关规划管控要求。根据分析结果，可判断建设项目下一步需进行的项目审批流程，如不符合规划需进行规划调整、规划修改等。

本模块利用定量分析，一方面，增加了建设项目节地管控指标值选取的科学性，提高了土地审核过程的可信度，符合新时代土地节约集约可持续发展的管控要求；另一方面，直观的指标值对比分析及规划符合性分析，大大减少了政府相关部门的工作量和工作难度，提高了建设项目选址和预审的工作效率。

4. 统计详情

统计详情模块一方面是以系统强大数据库为基础，分年度、分区域、分行业统计汇总建设项目基本情况及节地管控指标情况。支持统计数据的一键式导出功能，以便得到最具时效性和真实性的管控底数。同时，可以对天津市内多种企业及项目用地的节地程度进行横向对比及排名，为全面了解各区域的节地管控水平、审查、排名、变化趋势等情况提供技术支撑。另一方面是以数据库定期更新为基础，不断获取产业发展情况等，对后续查询企业信息、判断低效用地等提供支持与依据。

5. 栅格图绘制

以天津市最新影像数据、现状数据、规划数据及基础地理信息要素为底图，实现建设项目范围与用地、企业属性信息关联应用，方便了解企业建设开发及周边情况，全面掌握天津市不同类别建设项目用地的分布情况等。同时用户可通过直接在影像图上选择图斑或在菜单栏手动选择区域进行不同需求的栅格图下载使用，可一键导出项目遥感影像图、项目土地利用现状图、项目国土空间规划图等。本模块根据不同需求，内置不同下载模板，且包含完整基础地理要素，如路网、河流水面、水库、行政界线等，可实现栅格图的一键式下载和查询展示。

5.2 系统架构

按照本书研究内容确定建设项目节地管控系统平台的主要功能模块，确定各功能模块之间的流程及数据交换内容。平台集成了 OA 和 3S 技术，包含基础层、技术层、数据层、支撑层、应用层五个层级，同时为便于系统分析成果展示更加直观，设计了地图输出功能。

5.2.1 基础层

基础层是平台系统运行环境，主要涉及网络环境、服务器、客户端设备、服务器操作系统、客户端操作系统、数据库管理系统等。

5.2.2 技术层

技术层是系统平台开发实现的技术基石，保障系统平台的先进性和科学性。本系统平台为达到基本功能要求，主要用到的技术包括数据库技术、3S 技术、SOA 技术、VS.net 技术等，保证该系统平台与政务 OA 平台可连接使用。

5.2.3 数据层

数据是系统平台应用的基础，包括由基础数据库（遥感影像数据、地理名称注记数据、交通水系数据、行政区划数据、三调成果数据、土地利用总体规划数据、控制性详细规划数据、国土空间规划数据等）和建设项目数据库（项目建设状态、供应类型、企业基本信息数据、项目面积、项目用地范围、投资总额、容积率、建筑密度、地均税收、地均产出、绿地率等）。具体情况如表 5-1 所示。

表 5-1　系统平台数据库结构表

数据库类型	数据类别	数据格式
基础数据库	遥感影像数据	矢量
	地理名称注记数据	矢量
	交通水系数据	矢量
	行政区划数据	矢量
	土地利用总体规划数据	矢量
	控制性详细规划数据	矢量
	国土空间规划数据	矢量
	三调成果数据	矢量
	其他相关数据	-
建设项目数据库	项目建设状态	表格
	供应类型	表格
	企业基本信息（名称、地址、行业代码等）	表格
	项目面积	表格
	项目用地范围	矢量
	投资总额	表格
	容积率	表格
	建筑密度	表格
	地均税收	表格
	地均产出	表格
	绿地率	表格
	其他相关数据	-

5.2.4　支撑层

支撑层是支持系统平台各种功能和应用的关键模块。由数据访问、ArcGIS 相关产品组件、系统工作流、元数据服务等构成，向客户端和 Web 服务器端提供数据处理服务，完成用户提交的业务服务需求。系统客户端可直接与服务器连接，获取、更新、添加数据及其他操作，将复杂的逻辑运算放在客户端运行，减少占用服务器资源，提高数据的使用效率，提供易完成的操作界面。

5.2.5　应用层

应用层即各子系统平台的业务功能实现层，是平台系统层次结构模式中的客户端，用户通过客户端提供的工作界面实现与系统交互的功能。本系统平台的应用层由信息录入模块、信息查询模块、对比分析模块、统计详情模块和栅格图绘制模块五大功能模块组成，根据用户的不同工作和业务需求，可对不同功能模块进行操作，完成不同业务指令，如图 5-1 所示。

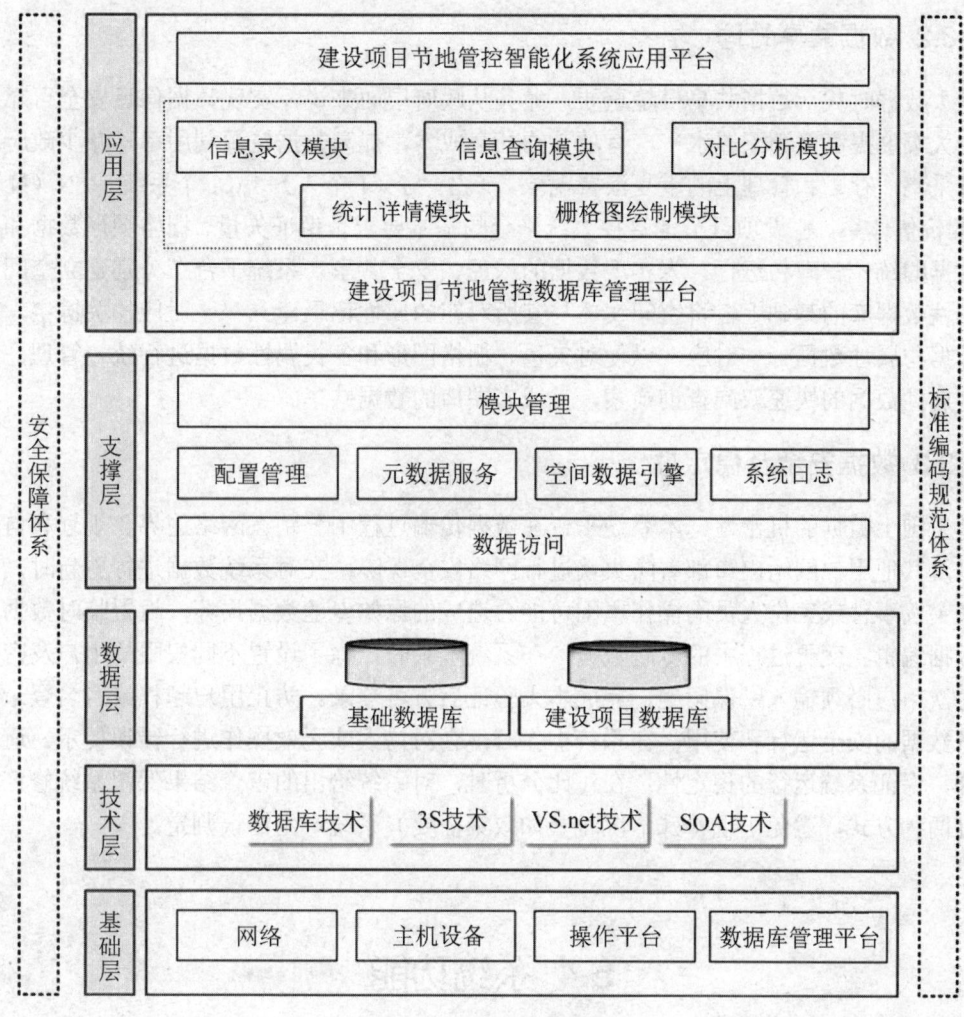

图 5-1　系统平台架构图

5.3 数据组织

5.3.1 数据分类组织

建设项目节地管控系统平台以数据库为核心,完善的数据库体系是系统正常运行的基础。本系统平台数据库主要包括基础数据和建设项目基本数据,按属性和类别可分为空间地理信息数据、规划管控数据和统计汇总数据,根据各类数据不同的空间特点和属性特点,以表格、矢量、栅格等形式录入系统并保存,保证原始资料的真实性和完整性。本系统平台拥有清晰的数据库分类管理体系,可以对各类数据的用途、范围、时序、精度等基本信息进行有效引导和提示,对节地管控数据的录入、查询、对比、统计等主要功能操作进行实时指导,充分发挥元数据的作用。

5.3.2 数据共享处理

在大数据时代，数据共享日趋重要，尤其从政府层面来说，实现数据信息安全可靠的共享，能大幅度提高资源配置水平，有效节约社会成本，提高数据资源利用率，减少政府工作在信息采集、存贮和管理上的重复浪费现象，产生"1（1个人）+1（1个系统）>N（N种效益）"的价值体系。建设项目节地管控系统平台的基本要求是保证矢量、栅格图形数据和各类属性数据的统一管理和运行。为实现数据的绿色、安全共享，系统平台在分别建立空间数据库、属性数据库的基础上，将空间实体与其所对应的属性记录建立一一对应的关键字，实现空间数据与属性数据一一对应，以便对矢量、栅格图形和各类属性数据进行统一管理，实现图形、属性数据的快速双向查询检索，完成多端口的数据共享。

5.3.3 数据安全及稳定性

基于国土数据的机密性，本系统平台在数据传输过程中分别在网络边界、规划和自然资源局以及其他用户网络出口部署防火墙进行网络安全保障；在对系统数据进行更新时，为防止某些突发事件或工作人员的操作原因可能会造成的原始专题数据损坏，设置临时数据库来存储数据编辑、变更过程中的专题数据；在系统登录时，除了设置不同权限的用户及密码以外，每次用户必须输入密保问题，完成本人验证后方可登录。防止用户越权或冒名登录，确保系统数据的安全运行和使用；在系统操作时，会对错误或无效操作进行错误提示，避免操作遗漏，保证系统运行的稳定性；在对比分析时，对系统给出的审查结果保留系统修订和人工修订两种方式，避免出现特殊情况时（如政策需要）系统产生错误判定。

5.4 系统功能

5.4.1 信息录入模块

建设项目节地管控系统平台信息录入模块功能如表 5-2 所示。

表 5-2　建设项目节地管控系统平台信息录入模块功能

主项	功能项	详细说明
新审批项目 信息录入	用地概况	录入新审批项目用地的现状地类、地形、周边用地情况等基本用地信息
	用地面积	录入新审批项目用地的范围、面积等信息
	企业基本信息	录入新审批项目企业：名称、预计投资总额等基本信息
	规划数据	录入新审批项目用地的规划信息：规划建筑面积、规划占地面积、规划容积率等信息
审批已通过在建项目 信息录入	企业基本信息	录入已通过审批的项目企业：名称、投资总额等基本信息
	项目建设情况	录入已通过审批的项目建设情况，对项目工程建设进度进行实时监管

主项	功能项	详细说明
审批已通过建成项目信息录入	企业基本信息	录入已通过审批的项目企业：名称、投资总额等基本信息
	项目建设情况	录入已通过审批的项目建设情况，对项目工程建设进度进行实时监管
	经济收支情况	录入已通过审批的项目企业营业状态、总的经济收支情况、单位面积营业收入情况和税收情况
	用工情况	录入已通过审批的项目企业用工数量、单位面积用工数量等情况
	环保情况	录入已通过审批的项目企业生产的各项环保检测结果
	安全生产情况	录入已通过审批的项目企业生产的安全生产落实情况和相关规划材料

5.4.2 信息查询模块

建设项目节地管控系统平台信息查询模块功能如表 5-3 所示。

表 5-3   建设项目节地管控系统平台信息查询模块功能

功能项	详细说明
指标查询	按地区查询某片区所有建设项目用地控制指标，支持查询结果的导出功能
	按时间查询天津市所有建设项目用地某时间段内控制指标，支持查询结果的导出功能
	按行业查询天津市某行业所有建设项目用地控制指标，支持查询结果的导出功能
	以上三个前置条件可以单独成立，也可构成筛选逻辑
企业信息查询	输入企业名称在地图上定位企业位置，查看企业基本情况列表，支持查询结果的导出功能
	能够通过查询检索工具，对查询结果内的用地和企业信息进行关键字查询筛选，支持查询结果的导出功能
地块现状信息查询	通过时间、地区、行业选择地块或企业，关联地图上对应的地块并查看地块和企业的三调信息
	通过时间、地区、行业选择地块或企业，关联地图上对应的地块并查看地块和企业的遥感影像
	三个前置条件可以单独成立，也可构成筛选逻辑
地块规划信息查询	查询土地利用总体规划，核对地块是否符合相关规划管控要求，为产业空间布局优化提供依据
	查询城市总体规划，核对地块是否符合相关规划管控要求，为产业空间布局优化提供依据
	查询控制性详细规划，核对地块是否符合相关规划管控要求，为产业空间布局优化提供依据
	查询专项规划，核对地块是否符合相关规划管控要求，为产业空间布局优化提供依据
	查询"一张图"体系，核对地块是否符合相关规划管控要求，为产业空间布局优化提供依据
	查询村庄规划，核对地块是否符合相关规划管控要求，为产业空间布局优化提供依据

5.4.3 对比分析模块

建设项目节地管控系统平台对比分析模块功能如表 5-4 所示。

表 5-4　建设项目节地管控系统平台对比分析模块功能

功能项	详细说明
指标对比分析	提供天津市区域内所有行业的建设用地使用控制指标、建筑参数、建筑类别查询功能，支持查询结果的导出功能
	可根据需要选择同行业一个或多个指标进行对比，支持对比结果的导出功能，支持同行业内所有或多个企业指标排名
合规性分析	提供指定区域范围内多种图层选择功能，包括土地利用总体规划、控制性详细规划等
	可通过关键字段、基本要素检索或直接在地图上框选区块
	可将建设项目规划信息与区域规划信息进行对比分析，支持对比结果的导出功能

5.4.4 统计详情模块

建设项目节地管控系统平台统计详情模块功能如表 5-5 所示。

表 5-5　建设项目节地管控系统平台统计详情模块功能

功能项	详细说明
土地结构汇总	统计天津市区域内各类用地的占地面积，包括农用地、建设用地、未利用地等
	可将汇总结果导出为 Excel 格式
土地使用产出统计	统计天津市区域内企业的面积情况、企业数量、占地面积、税收、营业收入、从业人员及相应亩均经济指标
	统计范围可任意组合选择，可指定统计年份、区域、行业
	可将汇总结果导出为 Excel 格式
低效产业用地统计	统计天津市区域内亩均税收低于行业亩均税收企业的数量、税收情况、营业收入和用工情况等
	支持低效产业用地（从社会、经济、生态三方面）按自定义标准进行实时统计分析，可根据统计结果清单查询定位到每一个低效用地企业
	可按行业、年份、区域选择统计
	可将汇总结果导出为 Excel 格式
企业查询汇总	提供对企业的综合查询功能，通过占地面积、营业收入、上缴税金、从业人员、单位面积税收等条件查询
	可按区域单位，选择年份进行查询汇总
	可将汇总结果导出为 Excel 格式
土地节约集约利用现状统计	按照四分位法在一定指标标准下将天津市区域内土地节约集约利用情况进行统计排名
	提供不同行业、不同时间的土地节约集约状况统计汇总
	可将汇总结果导出为 Excel 格式

功能项	详细说明
建设用地节约集约利用状况调查报告	根据《天津市年度建设用地节约集约利用状况调查与综合评价汇总分析报告》为模板，按不同年度生成分析报告，包括土地供应情况、企业总体情况、产出效益情况、年度变化趋势、行业情况、土地规划情况等内容

5.4.5 栅格图绘制模块

建设项目节地管控系统平台栅格图绘制模块功能如表 5-6 所示。

表 5-6　建设项目节地管控系统平台栅格图绘制模块功能

功能项	详细说明
影像图绘制	通过便捷的图层控制、图例标识、影像基本操作实现区域用地地图的快速浏览和漫游
	通过关键字段、基本要素检索或直接在地图上框选区块，实现地块遥感影像定位下载
	提供多种地图导出模板，可按使用需求增添相应基础地理要素、图例标识等，支持一键式地图下载功能
现状图绘制	通过便捷的图层控制、图例标识、影像基本操作实现区域三调图的快速浏览和漫游
	通过关键字段、基本要素检索或直接在地图上框选区块，实现地块三调图定位下载
	提供多种地图导出模板，可按使用需求增添相应基础地理要素、图例标识等，支持一键式地图下载功能
规划图绘制	通过便捷的图层控制、图例标识、影像基本操作实现区域各类规划图的快速浏览和漫游
	通过关键字段、基本要素检索或直接在地图上框选区块，实现地块各类规划图定位下载
	提供多种地图导出模板，可按使用需求增添相应基础地理要素、图例标识等，支持一键式地图下载功能

6 实证应用

6.1 建设项目节地评价应用示范

建设项目节地评价实例的应用，为建设项目节地管控技术的研究提供了数据支撑。截至目前，天津市已使用本研究的节地管控技术在静海区气象监测预警站建设项目、天津国家会展中心轮候区工程项目、武清区 2017 年农村饮水提质增效工程——京津科技谷引江水厂建设工程等多个项目完成实证应用，应用结果表明，本研究技术的操作确实提高了土地利用效率，切实推动了节约集约用地。

6.1.1 应用情况

建设项目节地评价是贯彻落实节约资源基本国策，严格土地管理制度，坚守耕地保护红线的重要工作。通过建设项目节地评价，有利于掌握建设项目用地节约集约利用状况及优化用地规模，引导建设项目用地节约集约利用，同时为建设项目用地预审管理、办理供（用）地手续提供依据。根据建设项目用地管控中对节地评价的审批要求，已有 50 个建设项目通过该管控技术开展了节地评价，下面以案例详解和表格汇总两种形式展开实证应用情况说明。

1. 北辰区气象监测预警站建设项目节地评价应用示范

该项目节地评价对象为北辰区气象监测预警站建设项目，属于气象服务工程。鉴于国家和天津市尚未就此类项目颁布土地使用标准和建设标准，根据自然资源部《关于严格执行土地使用标准大力促进节约集约用地的通知》（国土资发〔2012〕132 号）要求开展节地评价工作，受建设单位天津市北辰区气象局委托，易景环境科技（天津）股份有限公司根据《建设项目节地评价论证规范》（征求意见稿）和本书研究的建设项目节地管控技术对项目进行节地评价，并编制《北辰区气象监测预警站建设项目节地评价报告》。该建设项目用地，拟选北辰区双街镇，位于双辰中路与凤宁道交口东北侧。用地东至天津旭智机电设备制造有限公司，南至凤宁道，西至双辰中路，北至天津创阳热处理金属有限公司。总占地面积为 17620.80 平方米，建筑面积为 2300.00 平方米，办公人员为 40 人。主要建设内容为监测站业务用房、观测场以及配套设施等，同步实施院区地面硬化和绿化工程。

一方面，该项目依据相关法律法规、政策文件与标准，结合项目实际情况，从项目建设必要性、政策符合性、规划符合性、选址方案合理性、功能分区合理性、建设工艺技术设备先进性、远期预留地及临时用地等方面进行定性分析。另一方面，利用本书研究的建设项目节地管控技术对项目的具体数据指标进行核算，对项目节地情况进行定量评价。项目成果已通过天津市规划和自然资源局相关部门组织的专家验收，项目成果获得了专家组肯定。

2. 天津市西青生活垃圾综合处理厂 PPP（Public Private Partnerships，政府和社会资本合作）项目节地评价应用示范

该项目节地评价对象为天津市西青生活垃圾综合处理厂 PPP 项目，属于环境卫生管理工程，是市政基础设施的重要组成部分，为生活垃圾综合处理厂，建设规模为 3750t/d，鉴于国家和天津市尚未就此规模和垃圾综合处理类建设项目颁布土地使用标准和建设标准，根据《通知》要求开展节地评价工作。受建设单位天津市西青区市容和园林管理委员会委托，易景环境科技（天津）股份有限公司根据《建设项目节地评价论证规范》（征求意见稿）和本研究的建设项目节地管控技术对项目进行节地评价并编制《天津市西青生活垃圾综合处理厂 PPP 项目节地评价报告》。该项目用地，拟选址位于天津市西青区王稳庄镇，项目北侧、南侧现状为农田，北侧距星耀五洲居住区直线距离 4.00km，南侧距万家码头村直线距离 1.30km，东临盛达五支路，西侧距离洪泥河西路约 200.00m。总占地面积 362740.96 ㎡，建筑面积为 100800.00 ㎡，设计规模为 5 台 750t/d 炉排炉型焚烧炉，2 台 30MW 抽凝式汽轮发电机组和 1 台 40MW 抽凝式汽轮发电机组。综合楼、办公楼、焚烧发电厂房、烟囱、冷却塔、冷却水池、栈桥、燃气调压站、配套公辅设施、场地平整及围堤、地下水导排系统、防渗系统、渗沥液导排系统、雨污分流系统、填埋作业系统、填埋气体导排系统、环境监测系统、渗沥液调节池、环场排水沟、封场覆盖系统、厌氧发酵罐、沼气净化系统、成品油罐、污水收集池和沼渣脱水机房，同步实施厂区地面硬化和绿化工程。该项目服务范围主要覆盖津南区、南开区、河西区、和平区产生的全部垃圾，以及西青区、滨海新区就近产生的部分垃圾。项目成果已通过天津市规划与自然资源局相关部门组织的专家验收，项目成果获得了专家组肯定。

3. 八平方区域 1-2#雨水调蓄池项目节地评价应用示范

该项目节地评价对象为八平方区域 1-2#雨水调蓄池项目，是将初雨调蓄池和削峰调蓄池合建的调蓄池工程。《天津市建设项目用地控制指标》（DB12/T598-2015）中尚未规定此类项目的用地指标，因此，根据《通知》要求按无标准开展节地评价工作。受建设单位天津天保置业有限公司委托，易景环境科技（天津）股份有限公司根据《建设项目节地评价论证规范》（征求意见稿）和本研究的建设项目节地管控技术对项目进行节地评价并编制《八平方区域 1-2#雨水调蓄池项目节地评价报告》。该项目位于天津空港经济区八平方地块内，环东干道七与环东干道四交口处西北角（现状雨污水合建泵站西侧）。总占地面积为 8000.00 ㎡，建筑面积为 535.00 ㎡，初雨调蓄池的有效容积为 5650.00 ㎡，削峰调蓄池的有效容积为 23000.00m³，调蓄后出水设计流量为 14.60m³/s。项目成果已通过天津市规划与自然资源局相关部门组织的专家验收，项目成果获得了专家组肯定。

4. 天津市建设项目节地评价应用示范案例汇总

天津市利用本研究的建设项目节地管控技术进行建设项目节地评价的应用示范案例数据规模庞大，篇幅有限，不能一一展开详述，现选取有代表性的案例基本信息汇总如表 6-1 所示。

表 6-1 建设项目节地评价应用项目列表

序号	项目名称	占地面积（m²）	建筑面积（m²）	容积率	建筑系数	绿地率（%）	单位用地面积	总投资（万元）
1	天津市静海区气象监测预警站建设项目	27025.3	2575	0.1	12.82	43	563.03m²/人	2673
2	天津国家会展中心轮候区工程项目	113506.9	1500	0.01	1.32	9.51	170.18m²/个	63290

序号	项目名称	占地面积（m²）	建筑面积（m²）	容积率	建筑系数	绿地率（%）	单位用地面积	总投资（万元）
3	武清区 2017 年农村饮水提质增效工程——京津科技谷引江水厂建设工程	33994	9835.44	0.4	36.69	45.28	0.68m²/m³/d	12085
4	天津市武清区泗村店水厂工程	9100	2564	0.28	34.69	45.56	0.618m²/m³/d	2700
5	大港油田西二排涝站扩建工程（永久用地）	3392.2	145.62	0.04	21.63	23.53	226.15m²/m³/s	2964
6	葛沽镇实验小学	24475.16	5500	0.74	22.47	35	15.11m²/生	18000
7	大张庄示范镇永进道以北栖凤地块民安路（永宁道—永进道）	56131.68				33.26	45m²/m	21062
8	北郊热电厂	358088.1	165856.6	0.46	34.62	18	0.133m²/kw	604800
9	会展地块污水泵站工程	1806.5	289.58	0.16	16.03	32.82	2961.64 m²/（m³/s）	5231.7
10	北辰区中储地块规划小学项目	22158.6	5134.15	0.8	23.17	35.94	13.68m²/生	16253
11	北辰区大张庄示范镇永进道以南片区民安路（永平道—永尚道）	33567.69				33.33	45m²/m	14714
12	天津市东丽区气象监测预警总站	13778	1756	0.13	8.55	35.19	459.27m²/人	1798
13	国家会展地块雨水泵站（含调蓄池）工程	4360.5	251.7	0.06	5.77	32.29	311.46m²/（m³/s）	10936
14	开发区一汽大众基地净水厂一期工程	19905.3	5315.35	0.27	21.8	45.56	1m²/m³/d	9035
15	开发区一汽大众基地 1 号 110kV 变电站一期工程	6089.1	4199.95	0.69	26.74	19.04		10000
16	开发区一汽大众基地 1 号热源厂一期工程	12792.4	8094.62	0.63	39.18	19.95	0.09m²/kw	16007
17	双青新家园商品房 7 号地中学项目	52357.2	7225.3	0.57	13.8	35.03	21.82m²/生	34100
18	天津大唐盘电至宝坻区供热主管线及中继泵站工程—1#中继泵站	15795.35	4737	0.34	29.8	26.99		163200
19	天津市滨海新区太平示范小城镇二期农民安置用房市政基础设施雨水泵站	4000.51	295.38	0.07	22.76	26.29	177.8m²/（m³/s）	3155.4
20	津南区辛庄镇白塘口小学项目	26666	6194.5	0.83	23.23	35	16.46m²/生	23000
21	宁河区东棘坨镇 50MW 风力发电项目	21389			100		0.43m²/kW	40598
22	武清区 2017 年农村饮水提质增效工程—京津科技谷引江水厂建设工程	33994	9835.44	0.4	36.69	45.28	0.68m²/（m³/d）	12085
23	天津市武清区农村饮水提质增效工程—王庆坨源水泵站及王庆坨镇第二配水厂工程	4819.54	898	0.22	37.21	46.56	0.09m²/（m³/d）	10331
24	天津市北辰区文化中心	72795.66	地上70000 地下35000	0.96	40	35	14559.13（m²/场馆）	144800
25	武清区煤改 LNG 大碱厂东供气站项目	4835	310.44	0.06	14.36	33.6	40.29m²/m³	640.88
26	武清区煤改 LNG 东辛庄供气站项目	5771.58	348.82	0.08	6.04	44.45	294.47m²/m³	808.12
27	武清区煤改 LNG 河北屯供气站项目	5638.41	634.11	0.09	10.25	20.04	93.97m²/m³	1398.1
28	武清区煤改 LNG 幌刘庄供气站项目	12375.31	524.32	0.04	4.57	29.64	61.88m²/m³	2889
29	武清区煤改 LNG 下伍旗供气站项目	9853.58	420.76	0.05	5.36	23.23	82.11m²/m³	5653.2
30	天津市宝坻区"煤改气"牛道口调配供气中心等 9 个供气工程——牛道口	14144.8	4.82	0.02	4.82	33.27	39.29m²/m³	1500
31	天津市宝坻区"煤改气"牛道口调配供气中心等 9 个供气工程——朝霞街	15721.3	4.3	0.02	4.3	36.77	43.67m²/m³	1900
32	天津市宝坻区"煤改气"牛道口调配供气中心等 9 个供气工程——新开口	8609.3	340.91	0.04	7.83	22.81	35.87m²/m³	1500
33	天津市宝坻区"煤改气"牛道口调配供气中心等 9 个供气工程——周良街	7175	341.3	0.05	9.57	28.49	39.86m²/m³	1500

序号	项目名称	占地面积（m²）	建筑面积（m²）	容积率	建筑系数	绿地率（%）	单位用地面积	总投资（万元）
34	天津市宝坻区"煤改气"牛道口调配供气中心等9个供气工程——大唐庄	6147.5	341.83	0.06	13.21	20.96	34.15m²/m³	1500
35	天津市宝坻区"煤改气"牛道口调配供气中心等9个供气工程——郝各庄	10019.3	674.7	0.04	6.73	31.1	83.49m²/m³	1000
36	天津市宝坻区"煤改气"牛道口调配供气中心等9个供气工程——隨家庄	6936.2	674.54	0.05	9.72	34.74	57.8m²/m³	1000
37	天津市宝坻区"煤改气"牛道口调配供气中心等9个供气工程——龙湾	4825.5	345.35	0.07	10.16	20	40.21m²/m³	1000
38	天津市宝坻区"煤改气"牛道口调配供气中心等9个供气工程——前朝霞	1991.8	123.29	0.07	6.19	0	31.2m²/m³	500
39	海景七路道路及排水工程（一期）	48169.6				57.14	30m	7179.9
40	国家海洋局临港海洋环境监测站项目	6811.3	871.75	0.13	4.66	44.7	1135.22m²/人	1069.6
41	天津市津南区葛沽镇滨海汽车园公交首末站工程	3764.4	608.02	0.16	8.08	24.11	250.96m²/车	900
42	海河南道（辛柴路—卫津河西路）道路及配套管线工程	108294.63					45m²/m	29046
43	葛沽PPP展览馆、图书馆及文化馆项目	14715.2	地上16212.45地下10418.91	1.1	34.99	35.07	73.58m²/人	75600
44	葛沽PPP翠华道东雨水泵站工程	4144.93	1243.48	0.3	29.56	42.7	282.93m²/（m³/s）	5951.1
45	葛沽PPP胜平路东雨水泵站工程	3504.8	1086.49	0.31	31.29	30	243.39m²/（m³/s）	5028.8
46	葛沽PPP实验小学北污水泵站工程	1616.44	129.32	0.08	8.09	40.47	5388.13 m²/（m³/s）	984.91
47	辛庄示范镇配套小学	26800	21440	0.8	24.92	40.02	16.57m²/生	20000

6.1.2 应用成效

自然资源部（原国土资源部）将我国节地评价工作分为三个层次：宏观层面以行政辖区整体为评价单元的节地评价，包括单位国内生产总值建设用地下降目标评价和城市区域建设用地节约集约利用状况评价；中观层面突出以功能区域不同用途土地为评价单元，包括中心城区建设用地集约利用潜力评价和开发区土地集约利用评价；微观层面强调以单体工程建设项目为评价单元，主要指建设项目节地评价，是我国节约集约用地评价的薄弱环节。本书以大数据为背景进行建设项目节地管控技术的研发与应用研究，对促进天津市建设项目用地的利用效率，提升建设项目用地审批效率产生重大成效。

1. 提升了天津市节约集约用地共识

通过分析50个实践案例的应用成果，从项目建设必要性、政策符合性、规划符合性、选址方案合理性、功能分区合理性、建设工艺技术设备先进性、远期预留地及临时用地等方面进行定性分析，严格执行了天津市相关行业的建设项目用地标准，对各行业建设项目选址、节约集约评价进行了有效引导，树立和提升了社会节约集约用地的观念和意识。

2. 为破解土地利用瓶颈提供参考

土地的不可再生性和使用不合理性，导致我国各地建设用地指标普遍紧缺，制约了城镇化快速发展的步伐。天津市作为我国四个直辖市之一，拥有京津冀协同发展的重要契机，经济正处于快速发展阶段，对土地的需求也在不断增长。

本书研究成果的实证应用，以实际案例数据为支撑，研究了建设项目节地管控技术的可行性，缓解了天津市土地利用紧张局面，显著提升了项目用地效率，一定程度上释放了建设用地潜力，缓解了天津市土地资源紧张和发展需求之间的矛盾。

6.2 低效用地再开发应用示范

2016年原国土资源部印发《关于深入推进城镇低效用地再开发的指导意见（试行）》，提出了一系列盘活城镇低效用地的激励政策以及相关工作要求。此后，佛山、广州、深圳、上海等多个试点城市均开展了低效用地再开发工作。在学习兄弟城市的实践经验后，天津市开始对全市进行产业用地、建设用地现状摸底，并对盘查出的低效用地进行二次盘活利用。

我们接受相关部门委托，利用建设项目节地管控系统平台中对各区建设用地供后监管数据进行梳理，整理出一定数量的低效用地信息，现选取其中201例进行应用分析，以期为天津市其他区县提供低效用地再开发应用示例。

6.2.1 应用情况

1. 宝坻区

根据天津市规划和自然资源局印发的《天津市城镇低效用地再开发工作实施意见（试行）》（津规资利用函〔2020〕427号）的要求，2020年7月，应宝坻区相关部门委托，从投入产出强度、容积率、绿地率、建筑系数、行政办公及生活服务设施比例等多项指标建立宝坻区建设项目用地数据库，利用建设项目节地管控系统，对宝坻区未达到发展要求的项目进行摸底调查，盘点并摸清了宝坻区建设项目低效用地情况。该项目结果得到宝坻区规划和资源分局的认可，为后续低效用地再开发奠定了基础。具体情况如表6-2所示。

表6-2 天津市宝坻区低效用地示例情况统计表

编号	用地单位名称	低效原因	用地面积（㎡）
1	天津力升达新型墙体建材有限公司	定量判定	32923.69
2	格瑞（天津）科技发展有限公司	定量判定	93334.60
3	天津旺裕金属制品有限公司	定量判定	16665.79
4	天津迈克科技发招有限公司	定量判定	23518.04
5	天津弘讯电梯配件有限公司	定量判定	33053.87
6	泰乐屋（天津）集成房制造有限公司	定量判定	37022.78
7	天津市津阳金属材料有限公司	定量判定	21211.95
8	天津欧玛迪服装有限公司	定量判定	59474.68
9	天津市核奥达新技术开发有限公司	定量判定	10250.72
10	天津天宇通阀门制造有限公司	定量判定	7988.34
11	天津克普自控仪表有限公司	定量判定	15829.56
12	天津市伯利恒阀门有限公司	定量判定	10861.60

续表

编号	用地单位名称	低效原因	用地面积（㎡）
13	天津华银机械制造有限公司	定量判定	19885.30
14	天津市奔腾科贸有限公司	定量判定	24990.00
15	北京首航艾启威节能技术股份有限公司天津分公司	定量判定	15000.49
16	天津翔太水族制品有限公司	定量判定	4536.33
17	天津市精锐机械制造有限公司	定量判定	20005.82
18	倍耐力（天津）橡塑有限公司	定量判定	13333.75
19	天津桥通科技发展有限公司	定量判定	20007.35
20	天津市拓欣卫生洁具有限公司	定量判定	13286.49
21	天津市泽恩管业有限公司	定量判定	13382.68
22	中投（天津）热能装备发展有限公司	定量判定	63358.08
23	天津市恒旺包装制品有限公司	定量判定	18101.41
24	天津华妙科技有限公司	定量判定	24057.36
25	天津正大农牧有限公司	定量判定	24020.40
26	天津墨隅包装制品有限公司	定量判定	23368.75
27	天津环庆金属制品有限公司	定量判定	20001.12
28	天津市荣济瀛保健食品有限公司	定量判定	20000.47
29	天津市中威针织品有限公司	定量判定	27520.93
30	天津嘉杰印务有限公司	定量判定	33335.04
31	天津市振举物资回收有限公司	定量判定	15071.14
32	天津状元科技发展有限公司	定量判定	33334.98
33	天津忠民塑料科技有限公司	定量判定	33319.29
34	天津远泰模块房制造有限公司	定量判定	26666.93
35	天津歌瑞和谐科技发展有限公司宝坻分公司	定量判定	13340.21
36	合创（天津）环保设备制造有限公司	定量判定	13332.85
37	天津汇丰达房地产开发有限公司	定量判定	4187.38
38	天津腾驰宠物用品有限公司	定量判定	33852.00
39	天津中发塑料制品有限公司	定量判定	13255.29
40	中亚（天津）新材料科技有限公司	定量判定	20000.31
41	天津市振津工程设计咨询有限公司	定量判定	75942.15
42	天津和士美饮品科技有限公司	定量判定	19413.82
43	天津赛思制衣有限责任公司	定量判定	24715.28
44	天津市富斌轻钢建材有限公司（吴景富）	定量判定	20282.28
45	天津市宝坻区吉龙服装服饰有限公司	定量判定	22524.81
46	天津市辰龙针织有限公司　季东晨	定量判定	12986.28
47	天津市圣德璐家具有限公司	定量判定	19182.41

2. 东丽区

根据天津市规划和自然资源局印发的《天津市城镇低效用地再开发工作实施意见（试行）》

（津规资利用函〔2020〕427号）的要求，2020年9月，应东丽区相关部门委托，我们协助东丽区规划和资源分局对辖区范围内所有建设项目用地情况按照投入产出强度、容积率、绿地率、建筑系数、行政办公及生活服务设施比例等指标内容进行科学梳理，并建立东丽区建设项目用地数据库，利用建设项目节地管控系统，对东丽区不符合指标要求和天津市发展要求的项目进行统计，并按照低效判定原因进行类别梳理。该项目结果得到东丽区规划和资源分局的认可，为东丽区低效用地再开发提供了科学依据。具体情况如表6-3所示。

表6-3 天津市东丽区低效用地示例情况统计表

编号	用地单位名称	低效原因	用地面积（m²）
1	天津市双飞鞋业有限公司	定量判定	19363.34
2	天津市中飞车业有限公司	定量判定	38809.85
3	天津兵工物资有限公司	定量判定	78960.33
4	天津市荣众盛世物流发展有限公司	内部空闲地	141937.86
5	天津市鑫汇洋国际物流有限公司	内部空闲地	148716.87
6	天津纺织机械有限责任公司	内部空闲地	39389.92
7	天津铁路信号工厂	定量判定	13888.35
8	天津铁路信号工厂	定量判定	302902.97
9	天津空港国际物流股份有限公司	内部空闲地	293264.09
10	天津空港国际物流股份有限公司	内部空闲地	334938.37
11	天津市鸿鑫物流有限公司	内部空闲地	30307.78
12	天津滨海创意投资发展有限公司	逾期未竣工	84043.38
13	天津滨海北方辅照技术有限公司	内部空闲地	33294.30
14	天津市圣发烛业有限公司	定量判定	132418.04
15	天津市峰盛工贸发展有限公司	停工停产	16983.18
16	天津市金立钢管有限公司	停工停产	9535.66
17	天津市宏发化工有限公司	停工停产	15605.09
18	天津市盛华投资有限公司	逾期未竣工	10381.44
19	天津市爱秀塑料制品有限公司	停工停产	2200.04
20	天津泰科流体控制设备有限公司	逾期未竣工	12481.88
21	天津市昭孚五金制品有限公司	停工停产	11128.87
22	天津市政公路工程有限公司	内部空闲地	147311.59
23	天津路桥工程有限公司	停工停产	130579.43
24	天津市川海科技发展有限公司	停工停产	6613.53
25	天津市开发区银珠房地产有限公司	内部空闲地	65577.75
26	天津机床电器有限公司	内部空闲地	48302.91
27	天津市卓辉照明设备制造有限公司	定量判定	18044.18
28	天津柯蓝塑胶实业有限公司	逾期未竣工	15665.50
29	天津东电电气有限公司	内部空闲地	24834.61
30	天津北车轨道装备有限公司	内部空闲地	541290.35
31	天津美罗钢格板有限公司	定量判定	18382.02
32	天津市新华书店教材发行中心	内部空闲地	79574.58

编号	用地单位名称	低效原因	用地面积（m²）
33	天津井上高分子材料有限公司	内部空闲地	30000.48
34	日东电工株式会社	内部空闲地	50000.87
35	天津皆希爱化工有限公司	定量判定	9956.64
36	天津大无缝钢铁开发有限公司	内部空闲地	599833.92
37	天津天管太钢焊管有限公司	内部空闲地	454179.49
38	天津太平货柜有限公司	停工停产	155238.40
39	KG—青上化肥（天津）有限公司	内部空闲地	51767.90
40	丸仲（天津）机械制造中心有限公司	定量判定	7263.86
41	天津市石油管材加工有限公司	定量判定	9978.76
42	韩星爱肯特（天津）有限公司	定量判定	16577.07
43	韩国株式会社昌星（天津昌星精密件有限公司）	定量判定	6957.18
44	天津大三易得力工业有限公司	定量判定	4208.84
45	天津合力达实业有限公司	定量判定	6801.55
46	中国一重集团天津重工有限公司	内部空闲地	522500.81
47	天津滨海汇能置业有限公司	内部空闲地	60028.38
48	天津海能科技创新投资股份有限公司	内部空闲地	66867.98
49	天津市华明鑫裕投资发展有限公司	逾期未竣工	87225.09
50	核兴航材（天津）科技有限公司	逾期未竣工	61843.11
51	天津华鸿仓储有限公司	内部空闲地	78256.10

3. 津南区

2020 年 11 月，受天津市津南区规划和资源分局的委托，按照天津市规划和自然资源局印发的《天津市城镇低效用地再开发工作实施意见（试行）》（津规资利用函〔2020〕427 号）的要求，我们利用建设项目节地管控系统开展天津市津南区低效用地梳理工作。本项目工作对辖区范围内所有建设项目用地情况按照投入产出强度、容积率、绿地率、建筑系数、行政办公及生活服务设施比例等指标内容进行科学梳理，并建立津南区建设项目用地数据库，利用系统对津南区不符合指标要求和天津市发展要求的项目进行统计，并按照低效判定原因进行类别梳理。该项目结果得到津南区规划和资源分局的认可，为津南区低效用地再开发提供了数据支撑。具体情况如表 6-4 所示。

表 6-4　天津市津南区低效用地示例情况统计表

编号	用地单位名称	低效原因	用地面积（m²）
1	天津志成鑫电子有限公司	定量判定	5783.08
2	天津福盛木制品有限公司	定量判定	19746.39
3	年和电子科技（天津）有限公司	定量判定	7330.61
4	柯梅令（天津）高分子型材有限公司	定量判定	22477.38
5	天津市津南区开拓工贸有限公司	定量判定	8709.51
6	天津市亿利特有限公司	定量判定	7295.62
7	天津市金马盛金属制品有限公司	定量判定	4373.59

编号	用地单位名称	低效原因	用地面积（m²）
8	天津美津钢管有限公司	定量判定	26887.57
9	天津市福将塑料工业有限责任公司	定量判定	19984.13
10	天津市陆联化工技术发展有限公司	定量判定	11835.13
11	天津竹内装潢有限公司	定量判定	4975.43
12	天津旭源板材有限公司	定量判定	22714.19
13	马克杯食品（天津）有限公司	定量判定	6804.40
14	多加多乳业（天津）有限公司	定量判定	15790.89
15	翔恩电子（天津）有限公司	定量判定	15242.95
16	迪恩电子（天津）有限公司	定量判定	6034.34
17	天津德铃通信制品有限公司	定量判定	23195.69
18	天津仁和鼎盛钢瓶制造有限公司	定量判定	26343.34
19	天津市元和华铁电气设备有限公司	定量判定	5806.09
20	天津可穆特克电子有限公司	定量判定	8056.30
21	天津平康电子有限公司	定量判定	4585.28
22	太阳自动门（天津）有限公司	定量判定	4229.93
23	世元普乐斯（天津）电子有限公司	定量判定	8397.05
24	天津博金冶金机械设备维修有限公司	定量判定	13364.45
25	天津杰恩熙电子有限公司	定量判定	18923.85
26	天津市通达发金属工具有限公司	定量判定	4103.64
27	天津市鑫黔亿金属制品有限公司	定量判定	7139.62
28	天津市猫量子科技有限公司	定量判定	5076.12
29	天津市金宙工贸有限公司	定量判定	8076.88
30	天津市宇嘉木业有限公司	定量判定	20316.47
31	天津市天庆混凝土机械施工有限公司	定量判定	27180.28
32	天津市嘉宇工贸有限公司	定量判定	12633.75
33	天津建联宏丰汽车用品有限公司	定量判定	4565.68
34	天津市穗侨保安电子有限公司	定量判定	3239.88
35	天津振泓伟业再生物资分拣加工有限公司	定量判定	39421.32
36	天津东山工具有限公司	定量判定	6483.57
37	天津利世化工厂	定量判定	6334.12
38	天津市丽伊塑胶制品有限公司	定量判定	10021.00
39	宝鑫铝塑门	定量判定	5500.03
40	天津市振兴纸制品厂	定量判定	39760.55
41	天津广聚源纸业有限公司	定量判定	47589.71
42	天津市永成电梯有限公司	定量判定	6513.29
43	天津津重重工机器设备制造有限公司	定量判定	32167.86
44	天津津重重工机器设备制造有限公司	定量判定	61860.11
45	天津市信升包装制品有限公司	定量判定	5194.90

编号	用地单位名称	低效原因	用地面积（m²）
46	奥托仑光电子（天津）有限公司	定量判定	15554.04
47	天津市港铁铁路设备有限公司	定量判定	13506.24
48	天津市现山机电有限公司	定量判定	4092.29
49	天津捷隆港口机械有限公司	定量判定	11763.46
50	天津市达森钢结构工程有限公司	定量判定	13942.40
51	天津宏天车业有限公司	定量判定	9666.33
52	天津佰圣恒源精密模具制造有限公司	定量判定	9946.89
53	天津海格丽特装饰工程有限公司	定量判定	30931.32

6.2.2 应用成效

城市发展一般伴随着产业结构的调整。城市用地作为产业发展的载体和产业结构调整的基础，其功能和类型常常也随着城市发展而不断调整。在发展用地日益紧缺、土地供应受限的背景下，占地面积较大、发展效益偏低、环境污染较重的建设项目用地往往是城市更新和再开发的主要对象。有效盘活存量建设用地，提高用地效率，能为城市高质量发展提供充足的空间。我们与天津市宝坻区、东丽区、津南区进行低效用地整理工作，通过指标数据库的建立，利用建设项目节地管控系统，实现各区低效建设用地数据信息高效、直观、科学的展现，取得了一定应用成效。

1. 缓解了土地资源对于经济发展的限制

近年来，天津市经济发展速度加快，城镇化纵深快速推进，工业发展迅速，但是发展初期引进的一些企业目前已不符合经济生态发展要求，一部分需要进行产业转型升级，一部分落后产能也亟须淘汰，特别是环境污染大、税收少、产能低的企业。通过建设项目节地管控系统，按照节地管控指标要求，有效甄别出不符合经济发展的建设用地项目和企业，腾退盘活这些企业，引进现代服务业和高新技术产业项目，有利于经济发展，有利于提高天津市城镇化发展的水平，实现长远而稳定的发展，缓解天津市土地资源对经济发展的限制局面。

2. 对天津市低效用地再开发提供实践指导。

天津市低效用地调查建库工作开展时间较晚，现在依然处于摸索阶段。土地利用结构复杂，城市发展的远景规划不够明晰，城镇低效用地再开发潜力模糊，模式创新亦不够。我们通过对 201 例实践应用项目进行分析，为天津市低效用地再开发提供了一定研究理论基础和实践经验，对天津市城镇低效用地再开发进行了全新的解读和探索，对各区低效用地再开发具有实践指导意义。

6.3 支撑建设用地节约集约利用管理制度

建设项目节地管控指标体系的整合与建设项目节地管控系统的研究，为天津市建设项目管控机制的建立和管理程序的制定提供了一定的技术支撑和科学依据，也为个别区县相关政策及管理制度的出台提供了专业支持。2019 年以来，天津市及各区县为贯彻落实国家对节约集约用地的管理要求，先后多次进行建设项目用地情况调查，并根据各区实际情况，制定关于节约集约用地的管理意见和细则。在获悉本研究主题与研究成果后，向我们发来合作邀请，希望我们利用研究整合的节地管控指标体系、数据库和建设项目节地管控系统成果，进行相关管理制度的撰写。如为促进静海区××镇存量工业用地土地转型升级、促进低效用地集约利用，我们陆续编制《××镇促进存量工业用地土地转型升级退出实施细则》《关于××镇实施工业企业腾笼换鸟促进低效用地集约利用的意见》《××镇工业企业腾笼换鸟工作流程》《××镇促进存量工业用地土地转型升级就地改造实施细则》《××镇工业用地退出认定标准》等管理文件，协助静海区××镇进行建设项目用地节约集约利用管理制度的出台。

1.《××镇促进存量工业用地土地转型升级退出实施细则》

为深入贯彻落实党的十九大精神，根据《国土资源部关于印发〈关于深入推进城镇低效用地再开发的指导意见（试行）〉的通知》（国土资发〔2016〕147 号）和《天津市人民政府办公厅转发市国土房管局关于促进土地节约集约利用实施意见的通知》（津政办发〔2014〕78 号）等文件精神，该文件内容对积极稳妥加快产业结构调整、企业转型升级，盘活存量低效用地，促进土地集约高效利用，提高土地节约集约利用水平进行方案制定。

该文件首先通过概念界定、适用范围、基本原则等内容，明确适用主体，避免因界定不清造成的工作失误。其次，从完善历史用地，申请、审批程序，利益分配三方面展开存量工业用地土地转型升级退出的细则规定，为实施过程中出现的难点指明解决思路（详细内容见附件（一））。

2.《关于××镇实施工业企业腾笼换鸟促进低效用地集约利用的意见》

该文件是为进一步加大产业结构调整力度，更好调动原土地使用人实施旧厂房改造的积极性和主动性，根据《国土资源部办公厅关于印发〈产业用地政策实施工作指引〉的通知》（国土资厅发〔2016〕38 号）、《国土资源部关于印发〈关于深入推进城镇低效用地再开发的指导意见（试行）〉的通知》（国土资发〔2016〕147 号）、《十六部门关于利用综合标准依法依规推动落后产能退出的指导意见》（工信部联产业〔2017〕30 号）和《市国土房管局市中小企业局关于推进示范工业园区土地节约集约利用企业提质增效的通知》（津国土房用函字〔2018〕90 号）等法律法规及相关文件的规定，按照尊重历史、统筹兼顾、利益共享、公平公正、促进腾退改造的原则，对国有和集体低效利用产业用地，提出低效用地集约利用的实施意见。

该文件明确管理适用范围是镇域范围内传统低效工业企业和仓储企业，在腾退搬迁和自行改造过程中的土地处置行为，并从企业自行改造和政府收储两大模式分别展开管理要求表述，并明确实施程序与实施保障，为工业企业腾笼换鸟保驾护航（详细内容见附件（二））。

3.《××镇工业企业腾笼换鸟工作流程》

该文件是贯彻落实《关于××镇实施工业企业腾笼换鸟促进低效用地集约利用的意见（试行）》的有关规定，是为规范推进××镇工业企业腾笼换鸟工作，特别制定的工作流程。

该文件将改造行为分为四大类：企业自主改造，不改变用途；企业自行改造，改变用途；政府收储；集体工业用地征收。按不同分类对工作流程进行要求（详细内容见附件（三））。

4.《××镇促进存量工业用地土地转型升级就地改造实施细则》

为深入贯彻落实党的十九大精神和天津市委十一届二次、三次以及区委二届四次、五次全会会议精神，因地制宜、分类施策，实现3—5年时间全面完成××镇涉钢企业的转型升级工作的目标，依据《国土资源部办公厅关于印发〈产业用地政策实施工作指引〉的通知》（国土资厅发〔2016〕38号）、《国土资源部关于印发〈关于深入推进城镇低效用地再开发的指导意见（试行）〉的通知》（国土资发〔2016〕147号）、《十六部门关于利用综合标准依法依规推动落后产能退出的指导意见》（工信部联产业〔2017〕30号）、《市国土房管局市中小企业局关于推进示范工业园区土地节约集约利用企业提质增效的通知》（津国土房用函字〔2018〕90号）和《××镇政府关于促进存量工业用地土地转型升级的意见》等法律法规及相关文件的规定，该文件结合实际，针对就地改造的改造类型制定细则。

该文件从申请、审批程序、奖励措施等方面对××镇工业用地土地转型升级就地改造相关事宜进行明确规定，为××镇存量工业用地再利用指明了方向，减少部分损耗（详细内容见附件（四））。

7 结 论

　　土地是民生之本、发展之基，是不可再生的宝贵资源。当前在国家稳增长、调结构、扩内需的背景下，节约集约用地是破解土地管理难题的重要途径。

　　本书将节约集约用地分为节约用地和集约用地，节约用地以确定理性范围为前提，在土地利用过程中，节约利用的目标体现在以减量化的土地资源投入获取更多的经济、社会效益，提高土地的利用率，采用节约管控手段；集约利用是以土地利用结构和布局合理化为前提，体现的是资本集中、劳动力集中，实现单位土地产出的最大化，采用集约利用评价为手段。在充分考虑各种现实需求，总结完善、开拓创新，制定严格而详尽的"建设用地节地管控用地指标体系"和"建设用地集约利用评价指标体系"，力争将指标体系落到实处，建立一整套完整的节约集约用地体系。

　　在制定"建设项目节约管控用地指标体系"和"建设用地集约利用评价指标体系"后，通过研发建设项目节地管控技术系统平台并应用于建设用地节约集约管理工作，需要对项目的用地规模和集约用地水平进行控制，通过加强动态监测监管，保证土地利用过程中的节约集约用地。

　　本研究的预计成效主要包括：

　　1. 建设项目节约控制标准应用示范，可对建设项目控制指标进行修正，可适用于各委办局、自然资源局，是建设项目立项、选址、预审、征地、供地等建设项目审批各环节的工作准则和量化依据。

　　2. 建设用地集约利用评价应用示范，可全面掌握建设用地节约集约利用状况及集约利用潜力，科学管理和合理利用建设用地，提高土地效率。

　　3. 管控体系建设技术可应用于建设用地节约集约利用评价、低效用地调查、工业用地节约集约利用情况评估等工作，预计在全国各省市、各区县、各开发区（园区）、各功能区等多层面的建设用地节约集约利用评价方面展开全面的应用。

　　4. 建设项目节地管控技术研究为建设项目用地管控机制的建设和规范程序的制定提供了依据，可支撑区域建设用地节约集约利用管理制度、规范的出台，促使各地实现建设项目全流程管理，紧握土地管理主动权，大力推动地方节约集约用地制度体系的建设和完善。

参考文献

1. 李亚男. 京津冀典型区县建设用地节约集约利用与节地模式研究[D]. 中国地质大学，2017.

2. 胡立锐. 大数据环境下内蒙古自治区政府统计工作面临的问题及对策研究[D]. 内蒙古师范大学，2020.

3. 王美玲. 大数据环境下技术多元化与企业创新绩效关系研究[D]. 南京邮电大学，2019.

4. Weiss R, Zgorski L. Obama Administration Unveils "Big Data" Initiative: Announces $200 Million In New R&D Investments[R/OL]. Washington: Office of Science and Technology Policy, Executive Office of the President, White House, http://www.whitehouse.gov/sites/default/files/microsites/ostp/big_data_pressrelease_final_2. pdf, 2012-03-29/ 2019-1-2.

5. 朱东华，张嶷，汪雪锋，等. 大数据环境下技术创新管理方法研究[J]. 科学学与科学技术管理，2013，34（4）：172-180.

6. Chris A Mattmann. Computing: A Vision for Data Science[J]. Nature, 2013, 493(7433): 473-475.

7. Assuncao, Marcos D, Calheiros, Rodrigo N, Bianchi, Silvia, et al. Big Data Computing and Clouds: Trends and Future Directions[J]. Journal of Parallel and Distributed Computing, 2015 (80): 3-15.

8. Martin Hilbert. Big Data for Development: A Review of Promises and Challenges[J]. Development Policy Review, 2016, 34 (1): 135-174.

9. Pooya Tabesh, Elham Mousavidin, Sona Hasani. Implementing big data strategies: A managerial perspective[J]. Business Horizons, 2019, 62(3): 347-358.

10. 李春伟，帅百华. 中国电子商务企业发展报告（2013）[M]. 北京：中国发展出版社，2013：275.

11. 黄璜，孙学智. 中国地方政府数据治理机构的初步研究：现状与模式[M]. 北京：中国行政管理出版社，2018：12.

12. 李国杰，程学旗. 大数据研究：未来科技及经济社会发展的重大战略领域——大数据的研究现状与科学思考[J]. 中国科学院院刊，2012，27（6）：647-657.

13. 孟小峰，慈祥. 大数据管理：概念、技术与挑战[J]. 计算机研究与发展，2013，50（1）：146-169.

14. 李建中，刘显敏. 大数据的一个重要方面：数据可用性[J]. 计算机研究与发展，2013，50（6）：1147-1162.

15. 安小米，郭明军，魏玮，等. 大数据治理体系：核心概念、动议及其实现路径分析[J]. 情报资料工作，2018，39（1）：6-11.

16. 刘海宁，李德山. 一种大数据存储系统架构及数据安全放置机制[J]. 重庆理工大学学报（自然科学），2019，33（8）：170-177.

17. 彭知辉. 论大数据思维的内涵及构成[J]. 情报杂志，2019，38（6）：124-130+123.

18. 田红霞. 转型期资源城市建设用地集约利用区域差异研究——以太原市为例[J]. 国土与自然资源研究，2016（1）：40-42.

19. 田丰. 包头市建设用地节约集约利用评价及对策研究[D]. 内蒙古师范大学，2019.

20. 郑新奇. 节约集约用地新态势与政策工具选择[J]. 中国土地，2015（10）：19-20.

21. 王彦美，曹伟，杨丽娜，薛园. 城市建设用地节约集约利用更新评价范围界定与更新信息快速获取方法研究——以重庆市为例[J]. 江西农业学报，2015，27（09）：80-84.

22. 潘平生. 基于线性规划模型南安市土地利用结构量化分析及对策研究[D]. 福建农林大学，2015.

23. 帅文波，杜新波. 土地节约集约利用内涵及机制研究[J]. 生态经济，2013（4）：52-57.

24. 欧名豪. 土地利用管理[M]. 北京：中国农业出版社，2016：247.

25. 郭柏栋，张聪，贾艳萍. 小城市建设用地节约集约利用状况评价研究——以辽宁省新民市为例[J]. 国土资源，2015（2）：48-49.

26. 乔思伟，李莉. 全国城市建设用地节约集约利用评价加紧推进[N]. 中国国土资源报，2016-10-01（002）.

27. 韩宇笛. 基于 GIS 的长春市区域建设用地节约集约利用状况评价研究[D]. 吉林大学，2016.

28. 位欣. 新时期我国国土空间规划体系构建的几点思考[J]. 地理科学研究，2019，8（3）：275-284.

29. 林坚. 实施建设用地减量化的几点思考[J]. 土地科学动态，2015（6）：9.

30. 郭淑红. 上海建设用地减量化实施策略研究[J]. 上海国土资源，2018，39（1）：19-21+33.

31. 张洪武，施玉麒，龚士良. 国土空间用途管制研究与实践——"土地资源利用和管理国际研讨会"报告观点综述[J]. 上海国土资源，2016，37（4）：5-9.

32. 刘红梅，孟鹏，马克星，等. 经济发达地区建设用地减量化研究——基于"经济新常态下土地利用方式转变与建设用地减量化研讨会"的思考[J]. 中国土地科学，2015，29（12）：11-17.

33. 王克强，马克星，刘红梅. 上海市建设用地减量化运作机制研究[J]. 中国土地科学，2016，30（5）：3-12

34. 唐小平，周雄. 基于大数据的土地利用规划发展模式创新[J]. 科技促进发展，2018，14（10）：951-957.

35. 刘聚海，贾文珏. 大数据时代土地管理的创新之路[J]. 中国土地，2014（10）：10-12.

36. 李军. 长沙市工业用地集约利用研究[D]. 中南大学，2009.

37. 王静，邵晓梅. 土地节约集约利用技术方法研究：现状、问题与趋势[J]. 地理科学进展，2008（3）：68-74.

38. 张磊，吕世勇. 基于模糊综合评价法的贵州土地可持续利用评价[J]. 贵州农业科学，2015，43（5）：199-203.

39. 毛栋梁. 资源紧约束下的杭州市土地集约利用研究[D]. 浙江工业大学，2007.

40. 邹元. 经济发达地区土地集约利用评价研究[D]. 南京农业大学，2012.

41. 张瑞雪. 城市基础设施与城市空间增长关系研究[D]. 西北师范大学，2016.

42. 陈海军. 成都市城市化进程与耕地动态变化的协同性研究[D]. 四川农业大学，2010.

43. 郑云峰. 建立城乡统一建设用地市场的研究[D]. 福建师范大学，2011.

44. 王双美. 城市土地集约利用研究与评价[D]. 太原理工大学，2007.

45. 吴琼. 株洲市土地集约利用潜力评价研究[D]. 中南林业科技大学，2014.

46. 于永建. 甘肃省设区市土地集约度时空特征研究[D]. 甘肃农业大学，2010.

47. 李春涛. 唐山市建设用地集约利用评价研究[D]. 西南交通大学，2013.

48. 饶鑫. 城市开发区土地集约节约利用评价研究[D]. 南昌大学，2015.

49. 张涛. 基于集约利用评价的开发区土地问题及对策研究[D]. 西南大学，2009.

50. 岳强. 榆林市高新技术产业开发区土地集约利用评价研究[D]. 长安大学，2018.

51. 贺燕. 新疆建设用地集约利用评价[J]. 新疆农垦经济，2007（6）：25-29.

52. 兰晓华. 新型城镇化进程中城市土地集约利用评价研究[D]. 南京师范大学，2014.

附件（一）　××镇促进存量工业用地土地转型升级退出实施细则

第一章　总则

第一条　制定依据

为深入贯彻落实党的十九大精神，积极稳妥加快××镇产业结构调整、企业转型升级，盘活存量低效用地，促进土地集约高效利用，提高土地节约集约利用水平，依据《国土资源部关于印发〈关于深入推进城镇低效用地再开发的指导意见(试行)〉的通知》(国土资发〔2016〕147号)和《天津市人民政府办公厅转发市国土房管局关于促进土地节约集约利用实施意见的通知》(津政办发〔2014〕78号)等文件精神，结合××镇实际情况针对退出的方式制定本细则。

第二条　概念界定

1. 本细则所指的原地改造包括自主改造和联合改造，是指在原址基础上进行转型升级改造。

2. 本细则所指的自主改造是指原土地使用权人或集体经济组织在原址基础上进行转型升级的改造。

3. 本细则所指的联合改造是原土地使用权人或集体经济组织通过自主、联营、入股、转让等多种方式在原址基础上进行转型升级的改造。

第三条　适用范围

（一）××镇产业园区以外的企业，包括国有企业、乡镇企业和个人企业。

（二）用地不在土地利用总体规划确定的城市、村庄、集镇建设用地规模范围内。

（三）不符合城乡规划和我市产业发展规划及环境保护要求。

有下列情形之一的，不得纳入退出范围：

（一）土地权属有争议的。

（二）被司法机关和行政机关依法裁定、决定查封或以其他形式限制土地权利的。

（三）未办理土地权属登记的。

（四）其他不纳入退出范畴的情形。

第四条　基本原则

1. 政府引导，市场运作。政府统一组织，制定专门政策，充分调动政府、集体、土地原使用权人及相关权利人的积极性，吸引社会各方广泛参与，实现多方共赢，确保国有、集体资产的保值、增值。在按市场化运作的同时，政府要正确引导，加强监管，确保改造规范推进。

2. 明晰产权，保障权益。调查摸清产业用地现状，做好入库和确权登记工作，未经入库、确权、登记，不得改造。正确处理改造过程中的经济、法律关系，切实保障土地权利人的合法权益，维护社会稳定。

3. 统筹规划，有序推进。统筹经济社会发展和资源环境保护，依据土地利用总体规划和城乡规划，科学制定升级改造专项规划，并强化规划的统筹管控作用。严格界定改造范围，对列入改造范围的，必须编制控制性详细规划和改造方案，有序推进，严禁擅自扩大改造政策的适用范围。

4. 节约集约，提高效率。通过市场运作和公开规范的方式，强化市场配置土地，促进土地高效利用。严格执行土地使用标准，提高土地使用强度。创新机制方法，强化土地资源、资产、资本"三位一体"管理，实现土地利用效益的最大化。

5. 尊重历史，客观公正。既要做好与国家法律政策的衔接，防止发生新的违法违规用地行为，又要妥善解决历史遗留问题。要科学合理地制定改造方案和配套政策，改造利用与完善手续相挂钩，做到公开、公平、公正。

第五条　退出的类型

根据改造的主体不同分为自主改造和联合改造。

自主改造根据土地性质的不同分为土地使用权人自主改造和集体经济组织自主改造。

土地使用权人自主改造根据土地获取方式不同分为有偿出让的国有建设用地使用权人申请自行改造、划拨土地使用权人申请自行改造。

第二章　完善历史用地

第六条　完善历史用地

历史用地可按本章规定取得已实际建成使用的建设用地使用权。

第七条　区别不同情形，分类完善原地改造中涉及的历史用地手续

（一）用地行为发生在 1987 年 1 月 1 日之前的历史用地，依照原国家土地管理局 1995 年 3 月 11 日发布的《确定土地所有权和使用权的若干规定》进行国有或集体建设用地确权登记发证。

（二）用地行为发生在 1987 年 1 月 1 日之后，2018 年 6 月 30 日之前，已与农村集体经济组织或农户签订征地协议并进行补偿，且未因征地补偿安置等问题引发纠纷、迄今被征地农民无不同意见的，按 5 元/平方米落实处罚后按土地现状（建设用地）报省政府办理征收手续，无须提交社会保障、留用地的证明材料，其中用地行为发生在 2004 年 5 月 1 日之前的，不需办理听证手续。

（三）用地行为发生在 1987 年 1 月 1 日之后，2018 年 6 月 30 日之前，属于政府收购储备后再次供地的，必须以招标拍卖挂牌方式出让，其他可以协议方式出让（土地用途以现行控制性详细规划确定的用途为准）。

完善历史用地手续包括明晰土地权属和超占土地完善用地手续。

第八条　明晰土地权属

在已建有上盖建筑物的建设用地上，在不改变土地原批准用途，不进行加建、改建、扩建的前提下，根据用地单位的意愿和政策的适用性，符合产业发展政策的企业可按下列规定申请取得原已实际建成使用的建设用地使用权。

（一）供地方式。

1. 用地单位使用集体建设用地，可申请以集体建设用地使用权流转出让方式取得集体建设用地使用权（商品住宅用地除外）。

2. 国有企事业单位、国家行政部门等使用的集体建设用地，符合《划拨用地目录》条件的，可先完善征收集体土地手续，再申请以行政划拨方式取得国有建设用地使用权。

3. 用地单位使用集体建设用地，申请以有偿使用方式取得国有建设用地使用权的，先完善征收集体土地手续，再申请以协议出让方式办理供地手续。

4. 用地单位使用国有建设用地，可申请以协议出让方式办理供地手续。

（二）审批程序。

1. 用地行为发生在 1987 年 1 月 1 日之前的历史用地，用地单位可向市国土资源局申请办理国有或集体建设用地确权登记。

2. 用地行为发生在 1987 年 1 月 1 日之后、2018 年 6 月 30 日之前的，经市国土资源局处罚后按土地现状（建设用地）报省政府办理征收手续，完善了征收手续后再进行供地。无须进入公开交易的，经区人民政府审核后，申请单位先向市国土资源局办理用地预审，再向市城乡规划局申请办理规划意见、市发改委办理立项，最后向市国土资源局提出用地申请，报市政府审批；须进入公开交易的，经区人民政府审核后，以镇政府名义向市国土资源局提出用地公开出让申请。

3. 用地行为发生在 1987 年 1 月 1 日之后、2018 年 6 月 30 日之前的集体建设用地，经区人民政府审核后和区国土资源分局处罚后，申请单位先向市国土资源局办理用地预审，再向市城乡规划局申请办理规划意见、市发展和改革局办理立项，最后向市国土资源局提出办理集体建设用地使用权流转出让申请，报市政府审批。

以协议方式出让的，按最新的基准地价标准补缴地价，对应用途没有基准地价的，可参考评估地价并结合有关规定确定出让地价标准。出让方案须经镇政府集体研究决定报市政府批准后在市国土资源局网站公示 7 天。各级财政原已预收的地价与补缴地价重复征收部分，可在完善用地手续后由原征收部门退回。

第九条　改造中涉及的"三地"处理

（一）"三地"如符合土地利用总体规划和城乡规划，且累计面积不超过改造项目用地面积 10%，经改造主体提出申请，按下列方式分类处理：

1. 属国有建设用地的，可按照协议方式办理出让手续。

2. 属集体农用地的，需办理农用地转用或土地征收手续的，按批次报批方式，经同级人民政府审核后，逐级上报省人民政府审批。

3. 属集体建设用地的，将"三地"纳入需完善征收手续的改造方案一并上报。

（二）"三地"处理中涉及土地征收的，在提供有关证明材料的前提下，可不再举行听证、办理社保审核和安排留用地。有关用地计划指标由市政府优先安排，占用耕地需购买耕地补充指标；涉及林地的，应依法向林业行政主管部门申办使用林地手续。

第三章　申请、审批程序

第十条　有偿出让的国有建设用地使用权人自行改造流程

（一）项目申请单位向××镇政府企业办提出申请。

（二）镇政府企业办对原地改造项目进行初审；初审通过后，向区工经委报送有关申报资料。

（三）涉及土地用途、权属、容积率等改变的，向区国土资源分局和区规划局报送有关申报资料。

（四）区工经委、国土资源分局和规划局均审核同意后，由区政府组织论证，论证通过后报市政府备案，认定申报项目为产业用地转型升级原地改造项目。

（五）项目申请单位凭批复文件到相关部门办理完善历史用地手续、立项、环评、规划报建等相关手续。

（六）按批准的改造方案实施自主改造。

第十一条　划拨土地使用权人自行改造流程

划拨土地使用权人自行改造流程同于有偿出让的国有建设用地使用权人自行改造流程，可采取协议方式补办出让手续的形式供地，涉及补缴土地出让金的需要补缴土地出让金。

第十二条　申报自主改造项目，需提供以下资料

（一）对申报改造项目以书面形式向××镇企业办提出申请。

（二）申报项目的改造方案（附件1）。

（三）自主改造方案申报表（附件2）。

（四）自主改造项目申报表（附件3）。

（五）自主改造项目用地情况表（附件4）。

（六）申报改造项目的用地红线图（3份）及万分之一图。

（七）勘测定界报告。

（八）局部规划图（以镇区最新土规为准）。

（九）申报改造项目的原貌照片。

（十）卫星影像图。

第十三条　认定程序

（一）镇政府企业办对自主改造项目进行初审，初审通过后，由镇政府向区工经委、国土资源分局、规划局报送有关申报资料。

（二）在区工经委、国土资源分局、规划局审批同意后，由镇政府向区政府报送有关申报资料。

（三）区政府办对申报项目组织项目论证会，论证通过后报市政府备案，发文批复认定申报项目为产业用地转型升级自主改造项目。

第十四条　项目管理

（一）经批复同意的改造项目，由区国土部门提供已认定产业转型升级改造项目分布图，镇政府企业办负责项目的档案管理。

（二）经批复同意的改造项目，由市有关职能部门为其办理相关手续。

（三）区政府定期将已认定的自主改造项目整理报市政府备案。

第十五条　完善各类历史用地手续需提供的材料

（一）用地行为发生在1987年1月1日之前的，用地确权需具备的资料，除土地登记需提交的普遍性资料，还需另外具备以下资料：

1. 确权申请。

2. 区政府出具确认为产业转型升级改造项目的文件（包括改造项目用地范围示意图）。

3. 土地利用总体规划图。

4. 土地利用现状图。

5. 证明 1987 年 1 月 1 日之前变更的航片或正射影像图。

6. 其他需要的材料。

（二）用地行为发生在 1987 年 1 月 1 日至 2018 年 6 月 30 日之间的，用地报批需具备以下材料：

1. 区政府出具确认为产业转型升级改造项目的文件（包括改造项目用地范围示意图）。

2. 改造方案申报表。

3. 国土资源局意见。

4. 征地听证材料。

5. 征地协议书（原件）。

6. 征地预存款证明或兑现征地补偿安置的凭证和收款收据。

7. 违法用地处理（处罚）结案书（属罚款的，需提交接受处罚凭证）。

8. 留用地安置的说明。

9. 劳动部门关于征地社保意见。

10. 土地利用总体规划图。

11. 变更前后对照的土地利用现状图。

12. 证明变更时间的航片或正射影像图。

13. 用地红线图、集体土地所有权证。

14. 勘测定界报告书。

15. 其他需要的材料：①若征地协议书于 2004 年 5 月 1 日前签订的，不需材料 4、材料 8 和材料 9；②若征地协议书于 2004 年 5 月 1 日后 2007 年 6 月 30 日前签订的，不需材料 8、材料 9；③若没有征地协议书，需提交全部材料。

第四章 利益分配

第十六条 原土地使用权人自主改造的利益分配

（一）改变用途。

由原土地权利人自主改造的，使用原属划拨国有土地的，改变用途后符合规划但不符合《划拨用地目录》，经有权人民政府审批，可补办出让手续，补签土地出让合同，经评估后依法补交土地出让金。旧厂房用地转变功能用于商业、服务业和商品住宅的，土地出让总价款分成比例为土地权属人和政府 4：6。

应当按照城乡规划要求，将不低于该项目用地总面积 15%的土地无偿移交政府用于城市基础设施、公共服务设施建设或者其他公益性项目建设，建成后无偿移交政府。移交面积不足 15%的，将不足部分用地按市政府批准的控制性详细规划容积率（整宗用地平均毛容积率）计算建筑面积，按办理土地有偿使用手续时整宗用地国有土地上房屋市场评估均价折算货币，上缴财政。

（二）不改变用途。

对现有工业用地改造后不改变用途，改造后的房屋不分割转让的，可不增收工业用地土地出让金；分割转让的，补交土地出让金。

应当按照城乡规划要求，将不低于该项目用地总面积 15% 的土地无偿移交政府用于城市基础设施、公共服务设施建设或者其他公益性项目建设，建成后无偿移交政府。移交面积不足 15% 的，将不足部分用地按市政府批准的控制性详细规划容积率（整宗用地平均毛容积率）计算建筑面积，按办理土地有偿使用手续时整宗用地国有土地上房屋市场评估均价折算货币，上缴财政。

（三）零星国有工业用地自行开发。

零星工业用地自行开发的，应向政府无偿提供不少于 10% 比例的建设用地用于公益性设施、公共绿地等建设，具体空间镇政府按照规划，结合实际情况确定。如无法提供公益性建设用地的，应将不少于 15% 的地上经营性物业产权无偿提供给镇政府相关部门，定向用于公共用途，以及区域内土地房屋征收、建设用地减量化等工作的经营性物业补偿。

第十七条　原集体经济组织自主改造的利益分配

（一）改造后转为国有。

鼓励和引导农村集体经济组织自愿申请办理土地征收手续，按规定补缴地价款及相关税费，将集体建设用地转为国有建设用地，自行实施改造。将不低于该项目总用地面积 15% 的用地用于城市基础设施、公共服务设施或其他公益性项目建设，建成后无偿移交政府。移交面积不足 15% 的，将不足部分用地按市政府批准的控制性详细规划容积率（整宗用地平均毛容积率）计算建筑面积，按办理土地有偿使用手续时整宗用地国有土地上房屋市场评估均价折算货币，上缴财政。

（二）保留集体用地性质。

保留集体用地性质的，应当按照控制性详细规划要求用作产业发展，不得进行房地产开发。将不低于该项目总用地面积 15% 的用地用于基础设施、公共服务设施或其他公益性项目建设，建成后无偿移交政府。移交面积不足 15% 的，将不足部分用地按市政府批准的控制性详细规划容积率（整宗用地平均毛容积率）计算建筑面积，按整宗用地国有土地上房屋市场评估均价折算货币，上缴财政。若村有留用地指标的，应以经营性用地面积 30% 为上限按 1∶1 优先抵扣。

（三）零星集体土地自主改造。

应将 30% 的经营性用地转为国有用地后无偿交给政府，剩余的用地由村集体经济组织按规划自主改造。若村社有留用地指标的，可以留用地指标按 1∶1 抵扣应交给政府的用地，已抵扣部分用地由村集体经济组织自主改造。鼓励集中连片安排留用地。将 30% 的经营性用地无偿交给政府、剩余的用地无法按照规划独立改造的，应将规划建筑面积的 30% 部分按改造方案批复时整宗用地国有土地上房屋市场评估均价折算货币，交由镇政府统筹用于周边基础设施建设。

第十八条　联合改造的利益分配

原土地使用单位与其他投资者以土地使用权作价出资、入股等形式实施联合改造的，应当签订联合改造协议，约定利益分配方式。

第五章　附则

第十九条　本细则未尽事项，根据实际需要，由有关部门提出补充意见，经区政府报市政府批准后实施。

第二十条 本细则由××镇人民政府负责解释。

第二十一条 本细则自发布之日起施行。

附件 1：××（项目名称）改造方案

附件 2：产业转型升级改造方案申报表

附件 3：产业转型升级改造项目申报表

附件 4：自主项目用地情况表（注：图斑编号、项目名称要与附件 2 对应）

附件1：××（项目名称）改造方案

根据《关于推进××镇产业用地结构调整促进土地节约集约利用的意见》和《××镇产业用地自主改造实施细则》，×××（项目名称）申请进行产业转型升级改造。改造方案如下：

一、改造地块的基本情况

改造地块位于××（位置），总面积××公顷。其中需完善征收手续的土地面积××公顷，为××镇××村委会所有，自×年×月由××（单位）使用（涉及不同单位、不同时间的分别列出）。改造涉及的房屋、土地已经确权、登记。

二、规划情况

改造地块符合土地利用总体规划和城乡规划，并属于《××镇产业用地自主改造实施细则》所规定的自主改造范围。

三、土地利用现状情况

该地块现用途为××，为××（单位）自×年×月开始使用（属于不同用途的，分别列出用途、面积及使用单位）。现有建筑面积××平方米，容积率为×，年产值为×万元。其中已完善征收手续的土地面积××公顷。

四、协议补偿情况

改造地块中需完善征收手续的土地，××（单位）于×年×月与所有权人××（农村集体经济组织名称）签订了征地补偿协议，并于×年×月×日支付了征地补偿款××万元。截至目前，该宗地的补偿安置等问题未引发任何纠纷，被征地农民对征地补偿安置也无不同意见。××国土资源局（或分局）已按照用地发生时的土地管理法律法规落实处理（处罚）（具体讲述处罚情况）。

五、土地拟改造情况

根据有关规划安排，完善征收手续后，拟采用××方式供地，由××（单位）投入××万元资金自行改造。改造后，该宗土地将用于××（具体的用途和产业），建筑面积为××平方米，容积率为×，预计年产值将达到×万元（或改造后的综合效益情况）。

附件 2：产业转型升级改造方案申报表

填报单位：

图斑编号	项目名称	位置	用地面积	需完善历史用地面积	规划用途	国有土地				集体土地				立项批文号	是否已编制控制性详细规划或控制单元规划
						农用地		建设用地	未利用地	农用地		建设用地	未利用地		
						小计	其中：耕地			小计	其中：耕地				

注：图斑编号为标图建库成果编号。

附件3：产业转型升级改造项目申报表

图斑编号		用地面积	
申请人		法人代码（或身份证号码）	
法定代表人		法定代表人身份证号码	
项目地址		联系电话	
改造类型	□自主改造 □联合改造	计划改造年份	
坐落单位名称		权属单位名称	
用地单位名称		地上建筑物建成时间	
现土地用途		土地规划用途	
拟改造用途		拟改造项目	
项目拆迁面积		项目建筑面积	
涉及拆迁户数		项目投资主体	
项目开发形式		项目投资额度	

2007年6月30日前是否有上盖建筑物	□是 □否	是否符合新一轮土地利用总体规划	□是 □否	是否符合控制性详细规划或控制单元规划	□是 □否
				是否需完善历史用地手续	□是 □否

项目简介（请说明清楚目前现状、改造意向、预期效果）：（如页面不足，请以附件形式附上）

　　本申请人对本申请的内容已作充分了解，所填写的各项内容，全部为本申请人如实申报和亲笔签署；本申请人保证本次登记申请没有侵犯他人的权益，所提交的资料均真实无虚假。

申请　人：　　　　　　　　　　　　　　　（签章）

法定代表人：　　　　　　　　　　　　　　（公章）

委托代理人：　　　　　　　　　　　　　　（签章）

　　年　　月　　日

镇人民政府审核意见：

镇人民政府：（盖章）
年 月 日

区人民政府审核意见：
　　　　　　　　　　　　　　　区人民政府：（盖章）

年 月 日

备注：

附件 4：自主项目用地情况表

单位：平方米

图斑编号	项目名称	地块		用地面积	需完善历史用地面积	土地利用现状	所有权性质	土地现用途	变更时间	征地补偿款兑现情况			对用地处理（处罚）情况		备注
		序号	使用权人							全部兑现	部分兑现（%）	未兑现	已处罚	未处罚	
合计：															

注：图斑编号、项目名称要与附件 2 对应。

附件（二） 关于××镇实施工业企业腾笼换鸟促进低效用地集约利用的意见（试行）

为进一步加大我镇产业结构调整力度，更好调动原土地使用人实施旧厂房改造的积极性和主动性，根据《国土资源部办公厅关于印发〈产业用地政策实施工作指引〉的通知》（国土资厅发〔2016〕38号）、《国土资源部关于印发〈关于深入推进城镇低效用地再开发的指导意见（试行）〉的通知》（国土资发〔2016〕147号）、《十六部门关于利用综合标准依法依规推动落后产能退出的指导意见》（工信部联产业（2017）30号）和《市国土房管局市中小企业局关于推进示范工业园区土地节约集约利用企业提质增效的通知》（津国土房用函字〔2018〕90号）等法律法规及相关文件的规定、精神，按照尊重历史、统筹兼顾、利益共享、公平公正、促进腾退改造的原则，对我镇国有和集体低效利用产业用地，提出如下处置意见。

一、适用范围与改造类型

1. 适用范围。镇域范围内传统低效工业企业和仓储企业，在腾退搬迁和自行改造过程中的土地处置行为。

2. 改造类型。在符合土地利用总体规划、城乡总体规划、控制性详细规划和产业发展规划前提下的腾笼换鸟模式主要有：企业自行改造和政府收储。

二、企业自行改造

经划拨、出让等方式合法取得使用权的国有土地、符合登记确权条件（含1987年1月1日前已使用）和按程序完善用地手续后的历史国有土地，可按以下方式进行处置：

（一）保留原土地用途，不增收土地价款

1. 在不改变用途的前提下，经镇政府批准，通过企业自主、联合、注资、入股等方式进行改造，提高土地利用率和增加容积率的，不再增收土地价款。

2. 在规划许可和消防许可的前提下，经镇政府批准，企业（个人）可将工业厂房、企业库房和物流设施等资源，改造为自用或对外租赁的办公场所和居住场所。

3. 利用现有工业房产发展生产性服务业以及兴办众创空间的，可在5年内继续按原用途和土地权利类型使用土地，5年期满或涉及转让需办理相关用地手续的，可按新用地类型以协议方式办理。

（二）改变土地用途，补交地价

经批准，由企业依照我镇控制性详细规划，采用自主、联合、注资、入股等方式，对单宗或多宗工业用地进行改造（商品住宅除外），按规定补交土地出让金，以协议出让的方式重新签订土地出让合同。

改作教育、科研、设计、文化、卫生、体育等非经营性用途和创意产业等，不符合划拨用地目录的，按综合办公用途基准地价30%计收土地出让金，改作保险金融、商贸会展、旅游娱乐、商务办公等经营性用途的，按新旧用途基准地价差价补交土地出让金。

三、政府收储

（一）国有土地收回，收益分成

经划拨、出让等方式合法取得使用权的国有土地、符合登记确权条件（含1987年1月1日前已使用）和按程序完善用地手续后的历史国有土地，可由土地储备机构收购，也可由企业拆迁整理土地后，由政府组织公开出让。土地出让收成分配方式有：

1. 由企业拆迁整理土地的，待土地出让完成后，按土地出让成交价的60%，向企业支付补偿款。

2. 由土地储备机构收购整理的，按原用途土地、房屋和设备的评估价格预支补偿款，待土地出让完成后，按土地出让成交价扣除收购价款和土地整理成本后，土地纯收益的40%，向企业支付补偿款。

3. 土地出让成交后因规划调整使地价款发生增减的，补偿款不再调整。

（二）集体工业用地征收（复垦），收益分成

1. 位于城镇规划区内或工业园区内，归村集体所有的工业用地，由土地储备机构征收，由政府组织公开出让，土地出让后按照出让成交价格的60%补偿给村集体经济组织。

2. 位于城镇规划区外或工业园区外，归村集体所有的工业用地，由土地储备机构征收，由政府组织整理复垦的，按原用途土地、房屋和设备的评估价格预支征收补偿款。由政府将整理腾挪的建设用地指标安排于城镇规划区内，待土地出让完成后，按土地出让成交价扣除征收补偿款和出让地块土地整理成本后的土地纯收益的40%，补偿给村集体经济组织。

3. 村集体经济组织、企业和村民之间的利益分配方式和比例，由三方协商确定。土地出让成交后因规划调整使地价款发生增减的，收益分成金额不再调整。

四、实施程序与保障

（一）实施程序

1. 申请。土地权利人向镇政府提交申请。申请书应包括基本情况、计划改造类型、改造方案等。

2. 初审。镇政府对项目在产业规划布局、资源能源利用、房地产权属、土地利用效益、规划指标、使用功能、市政基础配套等进行初审，并下发初审结果。

3. 批准。对通过初审的项目，由镇政府负责，将项目腾笼换鸟方案报区委、区政府研究同意后，由镇政府下发批准通知书。

4. 实施、监督、验收。经批准的腾笼换鸟项目，由镇政府组织相关权利人推动实施，由区、市政府和相关部门按职能进行监督和指导；项目实施完毕后，由镇政府组织区级相关部门进行验收。

（二）实施保障

1. 加快编制控制性详细规划，腾笼换鸟项目须符合我镇控制性详细规划、产业发展规划

及产业准入标准等要求。

2. 规划用于建设基础设施、公共设施配套、公共绿地等的土地，需按原土地用途进行有偿收回。

3. 腾笼换鸟企业应当是在××镇工商注册和税务登记的法人单位。

4. 本意见施行过程中，如与相关法律、法规、政策等不一致的，以相关法律、法规、政策等依据为准。

5. 本意见自 2018 年×月×日起施行，有效期至 2019 年 12 月 31 日。试行期满，将按实际工作需要予以修订调整。

附件（三） ××镇工业企业腾笼换鸟工作流程

（试行）

为贯彻落实《关于××镇实施工业企业腾笼换鸟促进低效用地集约利用的意见（试行）》的有关规定，规范推进我镇工业企业腾笼换鸟工作，特制定本工作流程。

一、企业自主改造，不改变用途，补交地价

1. 提出用地处置意向。由土地使用权人，持土地权属文件和地块改造意向书，向镇政府提出用地处置申请。

2. 审批用地处置方式。镇政府根据土地利用总体规划、城市规划、产业发展规划等，批准土地处置意见。

3. 编制和上报实施方案。由权属人根据镇政府的用地处置批复意见编制实施方案。实施方案包括：（1）现状核查情况，区国土资源分局出具书面证明的土地权属情况、土地利用现状等情况；（2）规划方案，提出改造范围、规划方案；（3）资金筹措和资金运作方案；（4）改造计划和实施步骤；（5）涉及需要完善历史用地手续的，附上未完善用地手续的核查表、落实违法用地查处情况等，一并上报镇政府审核。

4. 批复实施方案。由镇政府批复实施方案，明确改造范围、改造规划方案和完善历史用地手续要求等。

5. 完善历史用地手续。需要完善历史用地手续的，由镇政府逐级上报审批。

6. 编制和上报修建性详细规划。由权属人根据镇政府批复的实施方案编制修建性详细规划，报区规划局审批。

7. 申办建设用地规划许可。由权属人持区政府修建性详细规划批复意见向区审批局申办用地规划许可手续。

8. 补办出让和申领建设用地批准书。由权属人持区政府批复意见和建设用地规划许可证向市国土房管局申办补办出让和申领建设用地批准书手续。

9. 报建施工。由权属人向区政府申请办理报建施工手续。

10. 确权登记发证。由权属人持权属文件、区政府批复意见、竣工验收文件等向区不动产登记管理局申请办理确权登记手续。

二、企业自行改造，改变用途，临时使用

1. 提出用地处置意向。由土地使用权人，持土地权属文件和地块改造意向书，向镇政府提出用地处置申请、明确实施方案、计划和投资规模等。

2. 审批用地处置方式。镇政府根据土地利用总体规划、城市规划、产业发展规划等，批准土地处置意见。

3. 完善历史用地手续。需要完善历史用地手续的，由权属人将需完善用地手续情况核查表、征地补偿协议及兑现凭证、落实违法用地查处情况取得区国土资源分局和镇政府书面证明后，报区政府后呈报至市政府审批。

4. 临时改变规划功能。权属人持镇政府批复意见向区规划局申办改变用途规划功能许可手续。

5. 计收出让金。由权属人持区政府临时改变用途规划功能许可批复意见向区国土资源分局申请计收土地出让金。

三、政府收储，收益分成

1. 提出用地处置意向。由土地使用权人，持土地权属文件和地块改造意向书，向镇政府提出用地处置申请。

2. 审批用地处置方式。镇政府根据土地利用总体规划、城市规划、产业发展规划等，批准土地处置意见。

3. 完善历史用地手续。需要完善历史用地手续的，由权属人将需完善用地手续情况核查表、征地补偿协议及兑现凭证、落实违法用地查处情况取得区国土资源分局和镇政府书面证明后，报区政府逐级呈报市政府审批。

3. 纳入年度储备计划和出让计划。由镇政府同时转送区土地整理中心和区国土资源分局纳入年度储备计划和出让计划。

4. 签订交地协议、预支补偿款。纳入年度储备计划的，由权属人与区土地整理中心签订协议，约定补偿方式、土地整理、土地交付、权属证注销或者委托评估等相关事宜。选择评估方式补偿的，双方应先委托评估。

5. 申领规划条件。由区土地整理中心向区审批局申领规划条件。

6. 组织公开出让。由区政府按我市有关规定组织土地公开出让、签订土地出让合同、收取土地出让金。

7. 收益支持。由区政府同区国土资源分局、区土地整理中心根据公开出让的成交价格，将镇政府收益和企业收益拨付至镇政府后，由镇政府按约定的比例拨付企业。

四、集体工业用地征收，收益分成

1. 提出用地处置意向。由土地所有权人持相关权属文件或用地批文，向镇政府提出公开出让申请，位于城镇规划区内的，同时提交转为国有土地申请，并附上村民表决情况；位于城镇规划区外的，同时提交实施土地复垦申请，并附上村民表决情况。

2. 审批用地处置方式。镇政府根据土地利用总体规划、城乡规划、产业发展规划、权属人意向，出具土地处置初审意见。由镇政府向区政府申请土地征收或复垦，由区政府审批用地处置方式，并出具审批意见。

3. 项目实施。

（1）位于城镇规划区内的，由区土地整理中心收储，履行以下程序：①按现行征地报批程序办理，支付征地补偿款、拆迁费等费用。②按现行规定履行土地公开出让、签订土地出让合同、收取土地出让金等。

（2）位于城镇规划区外的，实施建设用地置换工程，履行以下工作程序：①按现行规定，实施土地复垦工程；②调整土地利用总体规划，将复垦腾挪的建设用地指标和新增耕地指标调整至城镇规划区内；③由区土地整理中心按程序收储规划调入地块；④按现行规定履行土地公开出让、签订土地出让合同、收取土地出让金等。

4. 收益分配

完成土地出让后，由镇政府按约定方案，向村集体经济组织支付土地收益分成。

附件（四） ××镇促进存量工业用地土地转型升级就地改造实施细则

第一章　总则

第一条　制定依据

为深入贯彻落实党的十九大精神和天津市委十一届二次、三次以及区委二届四次、五次全会会议精神，因地制宜、分类施策，实现3—5年时间全面完成××镇涉钢企业的转型升级工作的目标，依据《国土资源部办公厅关于印发〈产业用地政策实施工作指引〉的通知》（国土资厅发〔2016〕38号）、《国土资源部关于印发〈关于深入推进城镇低效用地再开发的指导意见（试行）〉的通知》（国土资发〔2016〕147号）、《十六部门关于利用综合标准依法依规推动落后产能退出的指导意见》（工信部联产业（2017）30号）、《市国土房管局市中小企业局关于推进示范工业园区土地节约集约利用企业提质增效的通知》（津国土房用函字〔2018〕90号）和《××镇政府关于促进存量工业用地土地转型升级的意见》等法律法规及相关文件的规定，结合我镇实际，针对就地改造的改造类型制定本细则。

第二条　适用范围

本细则适用于××镇域内符合就地改造认定标准的企业，不包括原土地所有权人退出后，在原址上由新的土地所有权人再进行的改造。

第三条　基本原则

（一）政府引导。发挥政府职能，制定相关政策，充分调动政府、集体、建设用地原使用权人及相关权利人的积极性，吸引社会各方广泛参与，实现多方共赢。

（二）产权明晰。纳入产业升级改造范围的土地应产权清晰、无争议纠纷；过程中切实保障土地权利人的合法权益，维护社会稳定。

（三）有序推进。升级改造过程中相关部门联合审核、加强监管，确保规范有序推进。

（四）尊重历史。兼顾历史事实和土地管理政策的延续性，做好政策法规衔接，依法依规妥善解决历史遗留问题。

第四条　原址改造的分类

（一）原址改造根据改造的主体不同，分为自主改造和联合改造。

自主改造是指原土地使用权人在原址基础上进行转型升级的改造，根据土地性质的不同分为土地使用权人自主改造和集体经济组织自主改造。

联合改造是指原土地使用权人通过联营、入股、转让等多种方式在原址基础上进行转型升级的改造，根据联合的对象不同，分为与政府联合改造和与社会资本联合改造。

（二）原址改造根据改造的规模不同，分为规模不变改造、部分土地退出改造和收购相邻多宗地块集中改造。

（三）原址改造根据改造后土地用途的变化情况，分为不改变用途的改造和改变用途的改造。

第二章　申请、审批程序

第五条　原址改造申请流程

（一）项目申请单位向××镇政府提出申请。

（二）镇政府对就地改造项目进行初审；初审通过后，向区政府报送有关申报资料。

（三）区政府组织区工经委、区国土资源分局、区规划局对方案进行研讨。

（四）经区政府研究同意后，报市政府备案，下发批准通知书。

（五）项目申请单位凭批复文件到相关部门办理完善历史用地手续、立项、环评、规划报建等相关手续。

（六）按批准的改造方案实施自主改造。

第六条　申报原址改造项目，需提供以下资料

（一）对申报改造项目以书面形式向××镇企业办提出申请。

（二）申报项目的改造方案（附件1）。

（三）就地改造方案申报表（附件2）。

（四）就地改造项目申报表（附件3）。

（五）就地改造项目用地情况表（附件4）。

（六）申报改造项目的用地红线图（3份）及万分之一图。

（七）勘测定界报告。

（八）局部规划图（以镇区最新土规为准）。

（九）申报改造项目的原貌照片。

（十）卫星影像图。

第七条　认定标准

根据以下标准认定就地改造项目：

（一）工业园区内符合园区功能定位的企业，但产值较低，经济效益较差，但经评估认定可通过增加投资，加强技术改造等提高经营效益、产值状况的企业进行就地改造。

（二）对安全和环境风险较低、经评估通过改造能达到安全和卫生防护距离要求的，可实施就地改造。

（三）对园区内部与园区发展定位不符合的企业，愿增加投资，引进技术调整产业经营类型的，通过给予奖励及补偿等方式，鼓励就地改造。

有下列情形之一的，不得纳入就地改造范围：

（一）土地权属有争议的。

（二）被司法机关和行政机关依法裁定、决定查封或以其他形式限制土地权利的。

（三）其他不纳入就地改造范畴的情形。

第八条　项目管理

（一）经批复同意的改造项目，由区国土部门提供已认定产业转型升级改造项目分布图，

镇政府企业办负责项目的档案管理。

（二）经批复同意的改造项目，由区有关职能部门为其办理相关手续。

（三）区政府定期将已认定的就地改造项目整理报市政府备案。

第九条　土地用途发生改变

利用存量工业用地发展生产性服务业以及兴办众创空间的，可在 5 年内继续按原用途和土地权利类型使用土地，5 年期满或涉及转让需办理相关用地手续的，可按新用地类型以协议方式办理，按新旧土地使用条件下同一基准日的地价之差核定补缴土地出让价款。

第十条　土地性质发生改变

集体土地上的企业在原址改造的过程中，需要将集体建设用地改变为国有建设用地的，可由原农村集体经济组织提出申请，依法办理土地手续。

第十一条　土地规模发生改变

（一）根据《天津市建设项目用地控制指标》，超过标准的企业，在原址改造的过程中，应退出部分建设用地，补偿标准参照《××镇产业用地退出实施细则》。

（二）由于产业转型升级工作，确需增加用地规模的企业，在条件允许的情况加，经区政府审批同意，可以收购相邻多宗地块集中改造，区国土资源分局根据申请，依法依规将分散的土地合并登记。

第十二条　未竣工验收前不得转让

经批准的实行原址改造项目，工程未竣工验收前不得转让（包括股东变更）。确实无法完成的，由政府按改造前土地用途的基准地价收回建设用地使用权。

第三章　奖励措施

第十三条　转型升级奖励

经批准进行原址改造的企业，按企业当年销售收入的 1%给予奖励，最高奖励金额不超过 30 万元，第一年度发放奖励金额的 30%，第二年度发放奖励金额的 30%，第三年度发放奖励金额的 40%。

第十四条　新增亿元产值奖励

新增亿元产值奖励。经批准进行原址改造的企业，年度新增产值每满 1 亿元，奖励 1 万元，最高不超过 15 万元。

第十五条　原土地使用权人退出部分土地的奖励措施

原土地使用权人退出部分土地，经收储后重新出让，退出部分给予奖励，具体参照《搬迁实施细则》中对于搬迁后置换的土地面积不超出置换前合法使用面积的奖励措施。

第十六条　提高容积率不补缴土地出让金

对现有工业用地改造后不改变用途，提高容积率的，不再增缴土地价款。

第十七条　收购相邻多宗地块集中改造以原批准最长的土地使用期限作为改造项目用地的期限

经批准实施的收购相邻多宗地块集中改造项目，涉及多个同一用途转让地块使用年限不统一的，以原批准最长的土地使用期限作为成片改造项目用地的期限，不需补缴出让金。

第五章　附则

第十八条　本细则未尽事项，根据实际需要，由有关部门提出补充意见，经区政府报市政府批准后实施。

第十九条 本细则由静海区人民政府负责解释。

第二十条 本细则自 2018 年×月×日起施行，有效期至 2019 年 12 月 31 日。试行期满，将根据实际工作需要予以修订调整。

1. 附件 1：××（项目名称）的改造方案
2. 附件 2：就地改造方案申报表
3. 附件 3：就地改造项目申报表
4. 附件 4：就地改造项目用地情况表

附件1：××（项目名称）改造方案

根据《××镇政府关于促进存量工业用地土地转型升级的意见》和《××镇促进存量工业用地土地转型升级就地改造实施细则》，××（项目名称）申请进行产业转型升级改造。改造方案如下：

一、改造地块的基本情况

改造地块位于××（位置），总面积××公顷。其中需完善征收手续的土地面积××公顷，为××镇××村委会所有，自×年×月由××（单位）使用（涉及不同单位、不同时间的分别列出）。改造涉及的房屋、土地已经确权、登记。

二、规划情况

改造地块符合土地利用总体规划和城乡规划，并符合《××镇促进存量工业用地土地转型升级就地改造实施细则》所规定的就地改造的认定标准。

三、土地利用现状情况

该地块现用途为××，为××（单位）自×年×月开始使用（属于不同用途的，分别列出用途、面积及使用单位）。现有建筑面积××平方米，容积率为×，年产值为×万元。其中已完善征收手续的土地面积××公顷。

四、协议补偿情况

改造地块中需完善征收手续的土地，××（单位）于×年×月与所有权人××（农村集体经济组织名称）签订了征地补偿协议，并于×年×月×日支付了征地补偿款×万元。截至目前，该宗地的补偿安置等问题未引发任何纠纷，被征地农民对征地补偿安置也无不同意见。××国土资源局（或分局）已按照用地发生时的土地管理法律法规落实处理（处罚）（具体讲述处罚情况）。

五、土地拟改造情况

根据有关规划安排，完善征收手续后，拟采用××方式供地，由××（单位）投入×万元资金自行改造。改造后，该宗土地将用于××（具体的用途和产业），建筑面积为××平方米，容积率为×，预计年产值将达到×万元（或改造后的综合效益情况）。

附件2：就地改造方案申报表

填报单位：

图斑编号	项目名称	位置	用地面积	需完善历史用地面积	规划用途	国有土地			集体土地			立项批文号	是否已编制控制性详细规划或控制单元规划
						农用地	建设用地	未利用地	农用地	建设用地	未利用地		
						小计	其中：耕地			小计	其中：耕地				

注：图斑编号为标图建库成果编号。

附件3：就地改造项目申报表

图斑编号		用地面积	
申请人		法人代码（或身份证号码）	
法定代表人		法定代表人身份证号码	
项目地址		联系电话	
改造类型	□自主改造　□联合改造	计划改造年份	
坐落单位名称		权属单位名称	
用地单位名称		地上建筑物建成时间	
现土地用途		土地规划用途	
拟改造用途		拟改造项目	
项目拆迁面积		项目建筑面积	
涉及拆迁户数		项目投资主体	
项目开发形式		项目投资额度	
2007年6月30日前是否有上盖建筑物	□是　□否	是否符合新一轮土地利用总体规划	□是　□否	是否符合控制性详细规划或控制单元规划	□是　□否
				是否需完善历史用地手续	□是　□否

项目简介（请说明清楚目前现状，改造意向，预期效果）：（如页面不足，请以附件形式附上）

　　本申请人对本申请的内容已作充分了解，所填写的各项内容，全部为本申请人如实申报和亲笔签署；本申请人保证本次登记申请没有侵犯他人的权益，所提交的资料均真实无虚假。

　　申　请　人：　　　　　　　　　　　　　（签章）

　　法定代表人：　　　　　　　　　　　　　（公章）

　　委托代理人：　　　　　　　　　　　　　（签章）
　　　年　　月　　日

镇人民政府审核意见：

镇人民政府：（盖章）
年　　月　　日

区人民政府审核意见：

　　　　　　　　　　　　　　　　　　　区人民政府：（盖章）
年　　月　　日

备注：

附件 4：就地改造项目用地情况表

单位：平方米

图斑编号	项目名称	地块		用地面积	需完善历史用地面积	土地利用现状	所有权性质	土地现用途	变更时间	征地补偿款兑现情况			对用地处理（处罚）情况		备注
		序号	使用权人							全部兑现	部分兑现（%）	未兑现	已处罚	未处罚	
合计：															

注：图斑编号、项目名称要与附件 2 对应。